全面滲透
中國正在遙控臺灣
曾韋禎 著

目錄

第二卷　保密防諜從不褪流行

第三卷　商場更是戰場

第四卷　文教學術才不單純

第五卷　培養癌細胞從內部反噬

第六卷　扎根基層無所遁逃

第七卷　透過螢幕滲透一家一戶

推薦序

針對臺灣人民「大腦」的攻擊

國立臺北大學犯罪學研究所助理教授

沈伯洋

中國對其他國家的滲透，例如滲透智庫、商會、收買記者、政治人物，買下媒體操縱輿論、建立孔子學院、操作粉專、竊取科技與資料等等，都已有相關文獻記載。而在臺灣部分，於統戰部及國臺辦的運作之下，臺灣也已經長期遭到滲透，如里長、退將、地方宮廟等等的交流，甚至到媒體的收買，亦為國人所熟知。然而，在解放軍的訊息作戰方面，在不同領域進行的三戰（輿論戰、心理戰、法律戰），卻少有國人討論，這些領域包括網路領域、電磁領域、心理與認知領域，以及傳統的情報領域。其中最需要深入討論的，就是心理認知領域的作戰方式。講白話文一點，就是針對臺灣人民「大腦」的攻擊，用資訊攻擊改變「認知」。例如，解放軍竟在二〇一六年干涉臺灣教科書的課綱——這是原本臺灣人民無法想像之事。

但，需要釐清的是，有哪些單位在對臺灣人做「大腦」的攻擊？中國相關的資訊攻擊比資訊戰強權——俄羅斯分散許多。當俄羅斯將網路軍隊集中管理之時，中國的相關軍隊卻四散在各部門，因此，在觀察中國的網軍攻擊時，無法直接套用俄羅斯的進攻點分析。光是目前的網路資訊攻擊，就有可能來自解放軍戰略支援部、統戰部、國安部、國臺辦、省縣市臺辦、兼職網軍、委辦公司等等。

然而，光是看網軍，甚至中國政府部門外包的水軍，可能也無法涵蓋目前中國對臺灣鋪天蓋地的資訊攻擊，因為臺灣的「被害情況」更為複雜。首先，中國的攻擊不僅僅是俄羅斯的 4Ds 攻擊而已，更包含了實體網路的滲透與散佈（BEND 模型）。亦即，中國對臺灣資訊的散佈不是在網路和電視而已，實體上人與人之連結的加強與裂解，更是中國主要的攻擊手法。例如，藉由空中內容農場議題的製造，直到以同樣的謠言在地方宮廟與鄰里散佈，就是一個典型的中國資訊攻擊。當人們不斷關注所謂網軍、水軍之時，非常容易忽略實體滲透所造成的災難與危害。而本書最重要的貢獻，就是把臺灣特有的地面團體與個人的滲透問題，攤在陽光下。

簡而言之，除了網路資訊之外，我們更要擔心「地面謠言」。然而，地面散佈謠言，自古有之，要如何讓地面謠言有效，並與假新聞、偏頗消息彼此搭配，才是一門學問。臺灣原本一直都有與中國抵抗的本錢，然而在二〇〇八年之後，國安與國防幾近裸奔的門戶洞開，使得大量滲透長驅直入：中國大量在臺灣培養組織，並建立內部對話群組，建立各種商業、學術與宗教信任機制，在臺灣人民無法辨別來源之下，輕易掉進地方組織的陷阱，並對謠言深信不疑，其中更包含對臺灣地方幫派的的利用與威脅。而由於近年的LINE群組發達，加上499電信方案，偏頗訊息的觸擊人數直線往上飆升。最後，只要空中的假新聞給予最後一擊，臺灣人幾乎沒有抵抗能力。

例如，筆者就曾蒐集由某對臺組織發起的「臺灣人只要簽署認同一個中國，擁護祖國統一的同意書，中國便拿出一年一百億臺幣，讓軍公教安享晚年」的地面謠言，在特定對口的宮廟與村里長群組瘋傳，長達兩個月，並搭配各種內容偏頗的連結（未必是假新聞）來製造認知偏誤。而當新聞播出任何臺灣與中國交惡的新聞時，受到謠言影響者即對政府產生厭惡之情。這種在政治學上的厭惡，立即地影響到投票行為。

更可怕的是，中國非常擅長抹去足跡、製造訊息斷點。筆者在半年之內大量訪談，也只能得到部分的口述證據，而本書難能可貴的是，在中國如此全面性的滲透之下，作者挖得大量資料，並把中國滲透系統性地公開，實為不易。

相較於俄羅斯，中國在內容議題的製造以及攻擊的節點上，比俄羅斯來地更廣。但值得慶幸的是，中國的攻擊方顯得較為混亂，彼此沒有太好的整合，使得地面謠言常常與網路資訊互相打架，也讓臺灣在夾縫中努力求生存。然而，二〇一五年解放軍重新整備，以及二〇一七年中國的公司共產黨支部成立之後，臺灣已經沒有忽略滲透的本錢。如何處理本書所提的各種「節點」：如旅行社、宗教團體、學校、幫派、村里長、宗親會、國會等等，已成為重要課題。

這也是臺灣目前不得不面對的全面戰爭。

作者序

我的「抗中」記者生涯

會寫這本書，除了要凸顯中國對臺灣的滲透是多麼深入、全面，乃至於中國的勢力已幾乎快主宰臺灣的一切。另方面，也是我在《自由時報》十一年採訪職涯的總回顧。

眾所皆知，《自由時報》是全臺灣唯一立足於本土，全力抵抗中國入侵的主流媒體；與其說《自由時報》支持臺灣本土政權，倒不如說是在抗中。

十一年記者職涯　就是抗中總回顧

而在這十一年的政治記者職涯中，除了有一年主跑內政部、監察院以外，其他都是主跑立法院。因此為採訪而深入接觸的民進黨立法院黨團、內政部、陸委會、國安局、國防部、海巡署、監察院、交通部、經濟部、農委會、外交部等政府機關，也長期積累許多中國滲透的相關資料，成為本書的靈感與題材來源。

在此要感謝這十一年來幫助過我的立委、助理、政務官、文官以及媒體同業。為了工作所需，我養成每日讀報、分門別類整理新聞的習慣。這讓我隨時都能思考，可以規劃什麼樣的專題報導，也能在有需要時迅速回顧，做出精準的描述與判斷。也因此，在構思此書時，一面點閱這十幾年來的資料，也是同時回顧究竟過去為了抗中做了多少努力。更有許多零碎的片段，能因此完整地交織成畫。

例如歷史課綱，是我還在研究生時期就積極關心之領域；因為當年就是對臺灣史有高度興趣，才從商學院轉考歷史研究所，所就讀的師大歷史所又是中學歷史教育的重鎮，系上同時擁有最中國派與最本土派的歷史教育要角，當然就會身處「九五暫綱」的風暴核心。

歷史教育　就是一條龍的滲透體系

擔任記者後，剛好馬政府暫停扁政府所規劃的「九八課綱」，委請王曉波主導歷史課綱的改訂。在民進黨立委管碧玲高度關切此議題，加上課綱委員也是我老師的周婉窈教授憂心歷史教育大走回頭路，我一連對歷史課綱做出多篇專題報導，引發臺灣社會的關注。迫使王曉波無法為所欲為。

然而在拍板「一〇一課綱」後，居然又冒出「微調課綱」，這群緊密相連的統派學者，居然從制訂課綱、微調課綱、編纂教科書、審查教科書，形成一條龍的作業體系。終於激怒全國高中生，引爆反課綱運動。

沒想到事後彙整相關資料才知道，這長達十數年的大中國歷史教育反撲歷程，處處都看得到中國干預的身影。

南海釣魚臺　中國需要扶植臺灣代理人

釣魚臺與南海議題也是在採訪過程中，一點一滴拼湊出來的。原先只是從網路上看到，馬政府有針對釣魚臺發動洗腦教育；然而，當時在野的民進黨要如何調閱相關公文？最後想到，馬政府處理釣魚臺問題豈能繞過宜蘭縣政府？所以馬上請民進黨立委向宜蘭縣府調閱，才發現馬政府竟由國安會繞過行政院，直接指揮各部會推動保釣洗腦教育，其中某個被指定補助的保釣團體，原來與中共的關係是如此密切。

當初有「漁船」發動前往太平島護漁船的消息傳出後，也馬上挑動我的敏感神經。因為我從來就沒有臺灣漁船在南沙海域作業的印象，所以我馬上詢問農委會與海巡署，並嚴密比對船隻與船主的相關資料。果然，那是艘往來臺、中之間的「漁貨搬運船」，並非漁船，船主更是農漁業統戰團體的幹部，而且還有過走私紀錄。最後揭發這跟本就是配合中國進行的政治宣傳活動，與臺灣漁民的權益毫無關係。

醫療奉獻獎得主竟成統戰樣板

臺灣原住民徹底遭到滲透，更是令我失望至極。一開始是在網路上看到國民黨立委廖國棟高倡原住民在中國有三個媽的演說，後來深入追查下赫然發現，每屆五、六席泛藍原住民立委中，居然只有楊仁福與其外甥鄭天財與中國較無關係，其他人均不時出現在中國的統戰活動中。

而廖國棟與我同為長老教會信徒，當年就讀淡江中學時還受到校長陳泗治的鼓勵，因而利用原住民加分的優勢轉考醫學系；確實也在阿美族偏鄉服務廿餘年，因而榮獲首屆醫療奉獻獎。縱然他獲國民黨徵召棄醫從政，但我對他總是懷抱著尊敬與景仰。所以當我從網路上看到廖國棟以極盡肉麻之口吻，大倡臺灣原住民在中國有三個媽，那種內心衝擊至今仍難以忘懷。

同樣讓我感到震撼的是莫拉克風災拒絕外援事件。當時我在網路上看到有人爆料，外交部在二〇〇九年八月十一日用特急件下令各駐外館處在各國詢問協助時，一律婉謝。

我當下立即向報社告知此一訊息。主管也馬上來電與我討論，他說就算馬政府再怎麼無恥，也不至於如此喪盡天良。結果就在馬政府百般否認之際，爆料人提供電文給《蘋果日報》。該主管事後也向我大嘆，沒想到真的有這種事。

原來整起事件還牽涉到中國想趁臺灣遭遇重大災難時，想擠下美國，獨占對臺灣的主導權；幸而遭美國識破，直接來臺斬斷馬政府與中國的合謀。

臺灣社會的覺醒　更加深中國滲透的力道

馬英九執政八年期間，全面加速傾中的腳步，中國對臺的滲透也張狂到如入無人之境。我印象最深刻的是，曾於二〇一三年七月二十七日前往凱達格蘭大道採訪「反黑箱服貿　要生存權利」，當時報社希望我能採訪年輕人意見；我一到現場就慘叫，不但只有兩、三千人，還看不到任何四十歲以下的民眾。不過一個半月後，馬英九為了服貿發動「九月政爭」；八個月後因為強闖服貿引爆太陽花學運，全國青年一呼百諾，有數十萬人走上街頭。

國民黨因此在二〇一四年的地方選舉全面潰敗，丟了臺北、桃園、臺中市長；二〇一六年不只喪失執政權，還只保住三十五席立委，首度淪為國會的在野黨。

大家都以為國民黨要垮了。然而，國民黨卻能在中國的全面助攻下，從假訊息、媒體戰，到全面收編地方派系、基層組織，居然能因此掀起一股韓流，讓國民黨可以攻下高雄市、雲林縣、宜蘭縣等深綠版圖，還阻卻民進黨在臺中市、彰化縣、雲林縣、澎湖縣的連任。這樣的震撼教育讓大家驚覺，中國對臺灣的滲透，已經深入到難以想像的程度。

所以需要透過這本書，就我所知的範圍，盡力揭露中國對臺灣的滲透。希望國人能理解，現在不只是匪諜就在你身邊的時代，而是在你舉目所擊之處，恐怕都有中國滲透的傑作。

作者導讀

「徹底滲透臺灣」戰略，比「武統」更划算

中國打壓臺灣、統戰臺灣、滲透臺灣，從一九四九年來，從未間斷過。光是國民黨政府在一九四九年十月敗逃來臺灣的初期，中國共產黨已經在臺灣發展出龐大的組織，就連國防部中將參謀次長吳石竟還是中共的「密使一號」。

縱使國民黨政府破獲了以吳石為首的共諜網，擋下中共連串的猛攻，暫時偏安臺灣，不過中國從未放棄滲透臺灣，從臺灣內部製造突破點，而國民黨政府當時採取「堅壁清野的三不政策」，當然不盡人道，卻也成功阻絕中國侵犯臺

灣的任何機會。

趁兩岸交流，中國擴充滲透途徑

兩岸在一九八七年恢復交流後，各方面的往來愈加密切，新興的網路、通訊等傳播媒介也大大縮短彼此的距離，從未放棄併吞臺灣的中國，自然多了很多可以統戰、滲透臺灣的機會與途徑。

對於中國而言，武力攻打臺灣需要有正當性，要顧慮以美國為首的國際勢力干涉。現代的戰爭型態更是消耗國力，中國內部的矛盾與問題也將因戰爭而全面爆發。最重要的是，臺灣不是一個毫無抵抗能力的弱國，有綿密的防空網，還有至少寬達一百三十公里的臺灣海峽，全都是中國進軍臺灣的重大阻礙。除非中國有把握能在數日內迅速占領臺灣，並能排除國際的干涉，不過那也要臺灣內部有龐大的政治、經濟、軍事勢力全面配合中國，才有可能達成。

因此，如何全面統戰、滲透臺灣，讓臺灣認同中國、接受中國，選出能夠呼應中國的政府，就是中國對臺灣最重要的任務。

滲透比武統划算，徹底滲透臺灣是中國的上策

中國對臺灣的滲透，從早期鎖定特定政商菁英，建立代理人模式，轉而成為面向所有基層組織及每位臺灣民眾；透過無孔不入的網路、通訊系統，直接深入所有臺灣人腦海，達到「入島、入戶、入腦」的境界。

先從距離個人最遙遠的國際外交事務說起。

中國長期挾龐大的政治、經濟實力，全面在國際組織打壓臺灣的生存空間，就算是臺灣僅存為數不多的邦交國，中國也在馬英九總統力行「外交休兵」期間有了可趁之機，透過商貿關係，積極拓展與臺灣友邦的實質關係，並扶植親中的在野勢力。

等到蔡英文總統上臺後，這都成為中國的籌碼。

只要美國與臺灣關係略有進展，中國就拔除臺灣的邦交國，以示報復。

短短兩年多，接連策動聖多美普林西比、巴拿馬、多明尼加、布吉納法索、薩爾瓦多等五國與臺灣斷交，惹得美國國務院以史無前例的大動作，同時召回駐多明尼加大使、駐薩爾瓦多大使、駐巴拿馬代辦，回應了這些國家與臺灣斷

交的決定。

馬政府外交休兵，坐視中國長驅直入

部份的臺灣非邦交國，更是完全受制於中國的操控。

臺灣原本在斐濟、巴布亞紐幾內亞、約旦、阿拉伯聯合大公國、奈及利亞、厄瓜多等非邦交國的駐館，得以中華民國為名、駐巴林外館則以臺灣為名。自從蔡英文就任總統後，中國全力施壓，迫使各國對臺灣採取強硬手段，要求臺灣遷館、改名，極力弱化臺灣的地位。

就連從建國之初即與臺灣建立密切軍事合作的新加坡，中國也是軟硬兼施，希望新加坡能廢止實施超過四十年的「星光計畫」，改將部隊送往中國進行演訓，甚至直接在香港強扣從臺灣運回新加坡的裝甲車。

以上種種手段，都是中國深入與臺灣有關係的國家內部機構，意圖影響該國政府弱化與臺灣的關係，不管是具有主權意味的邦交或是軍事合作，連單純的文化、經貿關係，也不得出現中華民國或臺灣的字眼。

馬政府門戶全開，中國高官來臺趴趴走

在中國的領土上，他們大量釋出以政協委員為主的黨政軍職務，拉攏在中國定居、就業、留學的臺灣人，納入中國的政府體系。然而，因政協委員屬於兼職性質，許多臺商「被擔任」政協委員，甚至被動員要求政府修法，開放臺灣人民擔任中國政協委員。

但馬英九政府既不修法開放，但也不開罰，讓擔任政協委員遊走於灰色地帶，直到蔡英文政府任內，因凌友詩發表「文革式」樣板演說引發全國譁然，才創下對「臺灣人擔任中國政協」開罰的首例。

針對國民黨這個臺灣最有執政實力的親中政黨，中國更是透過各種方式，強化對國民黨的影響力，也深化國民黨在臺灣的影響力。

臺灣在馬英九執政期間門戶洞開，中國副省級以上的高官幾乎是把臺灣當後花園跑，絡繹不絕。特別是海協會副會長鄭立中，自二〇〇五年就駐點在臺灣，深入臺灣最基層的鄰里組織，還幫忙國民黨候選人牽線安排連串的輔選行程，甚至指定中國各省、市劃定責任區，每單位認養兩位國民黨區域立委參選人。

不過，隨著外界的批評聲浪，馬英九趕緊於二〇一一年七月透過管道，告知中國務必在二〇一二年一月選前，減少高層官員來臺的行程，避免過度刺激臺灣社會，但是天下沒有白吃的午餐，中國幫國民黨助選的經費，還是要在中國設廠賺錢的臺商支付。

拉攏親中政黨，代理人政治束縛臺灣

中國對臺的接觸，最開始是透過代理人。例如國民黨主席連戰，就趁中國對陳水扁政府緊閉大門時，藉黨對黨的機制，徹底架空臺灣政府在兩岸的發言權。國、共兩黨在「一中原則」基礎下，簽署「連胡公報」，成為後來世界衛生組織框限臺灣地位的緊箍咒。

連戰這位「超級」代理人，即便在國民黨的馬英九重新執政後，還具有高度的政治價值。馬政府因為過去親中，強簽兩岸服貿協議而引爆二〇一四年的反服貿學運，導致國民黨在該年底的地方公職人員大選慘敗。但中國於二〇一五年九月三日舉辦「抗日戰爭勝利七十週年」大閱兵時，仍不忘找連戰來當貴賓，除壓縮國民黨在對日抗戰的地位，也分化國民黨的內部路線。

中國若想合法併吞臺灣，就須仿效當年的作法，逼使國民黨政府、西藏政府簽署「和平協議」，以排除外國勢力的介入。因此，中國給國民黨政府最大的功課就是再簽「和平協議」。

從「九二共識」到「一國兩制」，中國強逼代理人表態

馬英九在參選二〇〇八年總統時，曾於二〇〇七年二月拋出「當選後將簽和平協議」的政見，但沒在當選後積極推動。直到競選連任前，二〇一一年十月十七日再次提出，立即觸動臺灣的敏感神經。馬英九為了平息爭議，隨即在十月十九日深夜拋出「兩岸和平協議必須交付公投」的議題，這又觸怒中國。最後，馬英九只好承認，「任內絕對沒機會談和平協議。」

中國不能從馬英九這邊得逞，就寄託在國民黨總統參選人洪秀柱身上。但她拋出「和平協議」、「政治協商」均未受青睞，反而因其看法太接近「一國兩制」，慘遭國民黨撤換。

屢屢無法達陣的中國，趁國民黨贏得二〇一八年地方公職人員大選後，由國家領導人習近平於二〇一九年元旦提出「兩制臺灣方案」，迫使國民黨終於鬆口，承諾「只要重新執政，就會與中國簽署和平協議」。

當然，中國的終極目標還是要實施「一國兩制」。

馬英九靠著「九二共識、一中各表」，在二〇〇八年高票贏得總統大選後，中國釋放大量政治、經濟紅利給馬政府，並全力協助馬英九順利連任。

成功連任後，馬英九也想回報中國。國民黨榮譽主席吳伯雄於二〇一二年三月代表馬英九訪中時，刺探性說出了「一國兩區」、「兩岸同屬一中」等論調，但卻引發臺灣民意的強烈反彈，隨後慘遭國民黨政府切割。

想爭取國民黨總統提名的新任國民黨主席朱立倫，在二〇一五年五月參加「國共論壇」時，拋「兩岸同屬一中」；另一位也想參選總統的立法院副院長洪秀柱也同時提出「一中同表」。但因洪秀柱遭到國民黨撤換，國民黨仍停留在「一中各表」上，只是馬英九在卸任總統前，為了換取與習近平的會面，自行在二〇一五年十一月七日「馬習會」當天，捨棄「一中各表」，只講「一個中國」原則。

國民黨在蔡英文執政期間，仍回到「一中各表」的主流論述。不過在習近平提出「兩制臺灣方案」後，未鬆口「一中各表」的國民黨發言人歐陽龍，其女兒歐陽娜娜在中國受到「各種懲罰」。

而在中國力拱下，當選高雄市長的韓國瑜，則是接受中國「一國兩制」的安排，接連在二〇一九年三月二十二日、二十三日至港澳與中國駐香港聯絡辦公室主任王志民、中國駐澳門聯絡辦公室主任傅自應會面，成為首位踏進中聯辦的臺灣地方首長，並獲得中國國臺辦官媒《中國臺灣網》的大力肯定。

當年喊消滅共匪的退將，現與共匪稱兄道弟

常人對中國滲透最普遍的認知，無非就是透過軍事、情報人員竊密的共諜，確實，這絕對是中國滲透臺灣最核心的領域。無論是現役、退役軍情人員，都是中國全力爭取的對象。不涉及竊密的部分，許多當年在軍中高喊反共的退役將領，紛紛在馬英九執政期間前往中國，與解放軍唱和，熱烈擁抱「一中」；在最密集的二〇一一年前八個月，平均每週就有兩個退將赴中國。

退將配合中國宣傳最震撼的畫面，無非是蔡英文就任總統後的二〇一六年十一月，許歷農率領七名上將、十二名中將、十八名少將，共三十七人、六十三顆星前往北京，出席「孫中山一百五十歲誕辰紀念日」活動，全場聆聽習近平的訓辭，更在中國國歌《義勇軍進行曲》播放時起身肅立。

而涉及洩密的共諜案更是層出不窮。

多數在職軍人都能恪守保防原則，抵禦共諜的刺探，但仍有位居要職的羅賢哲少將遭中國掌握弱點，洩露重要情資；有高居中將的柯政盛竟介紹同袍給共諜，壯大其組織，還有近年來最大的共諜案，也見退役少將許乃權以及多位退役、現役軍官在其中。

「匪諜就在你身邊」還是現在進行式

不只是前往中國經商的退役軍人容易遭到鎖定、吸收，連日常接觸各種國家機密、不具公務員身分的國會助理，也是共諜積極爭取的對象。

別忘了！

臺灣還有上百萬臺商在中國，臺灣與中國更有密切的經貿往來。臺灣可以成為中國轉手戰略機敏物資給受管制國家的轉運站。臺灣高科技產業所獲取的技術、製程更是中國垂涎的目標。

中國近年來頻頻透過挖角、竊密等種種管道，滲透進臺灣企業，奪取關鍵技術，也透過龐大的市場，綁架臺灣的大廠共同研發技術規格。

百萬在中的臺商則形同是中國的肉票。除了臺商經常往返兩岸的身分，常遭吸收成為共諜外，國臺辦還成立「全國臺灣同胞投資企業聯誼會」，成為全中國上百個臺商協會的太上皇，分配各種政治任務。包括動員臺商回國投票給國民黨、提供政治獻金給中國屬意的候選人、幫中國的政策背書，甚至還要提供資金豢養特定的親中媒體。

臺商、學術界，全都被鎖定

學界、青年族群也是中國的主要目標。中國在二〇〇八年展開「千人計畫（海外高層次人才引進計劃）」，透過優厚的待遇，以「國家特聘專家」頭銜引進專業人才。臺灣在遙測領域首屈一指，且涉及國安機敏技術的中央大學通訊系統研究中心主任陳錕山，就在二〇一三年八月失蹤，並於二〇一四年三月名列中國第十批「千人計劃」名單內，且任職中國的「遙感科學國家重點實驗室」。然而，對於這樣的敏感人士，只因政府未將其列為涉密人員，最後僅能以「十職等以上公務員未經許可，赴中四次，開罰八萬元」，引發社會譁然。

甚至是馬英九政府最倚重的兩位南海專家——中研院歐美所研究員宋燕輝、政大國關中心研究員劉復國，均擔任中國南海研究院的特聘研究員。劉復國參與發表的〈南海地區形勢評估報告〉就鼓吹兩岸要一起維護「一個中國」政策：在南海建立軍事、政治合作，主張將高雄市政府治理的東沙及太平島，與中國新設的三沙市，由兩岸地方政府協調合作治理。兩人在蔡英文政府執政後，索性在二〇一七年七月的「美中海上問題與國際法對話」大喇喇地名列「中國」代表。

滲透力的極致，遙控馬政府進行課綱微調

在臺灣，攸關年輕學子國族認同的歷史教育，居然可因中國的極力滲透，大

走親中的回頭路。

中國解放軍總政治部聯絡部副部長辛旗，於二〇〇八年馬英九剛當選總統後，向世新大學中文系教授王曉波，以及後來擔任國安會秘書長的蘇起下令，「馬英九上任後應更改臺灣教科書，扭轉臺灣人天然獨的傾向」。

於是馬英九就任後，重新審定高中國文、歷史課綱，並委由王曉波主導。儘管因臺灣社會的高度關注，沒讓王曉波成功將臺灣史併入中國史，但兩岸統合學會理事長張亞中卻在二〇一二年四月起，發動一系列的動作，指揮馬英九政府進行「微調」，大修臺灣史課綱。

這種由中國勢力公然滲透臺灣政府的行徑，引爆社會反彈，甚至有高職生林冠華為此自殺明志，迫使馬英九政府急踩煞車。

二〇一四年的「反服貿學運」、「反課綱微調」等幾波學運下來，讓中國意識到「必須滲透臺灣的校園」，於是透過臺生周泓旭，以及王炳忠、侯漢廷、林明正等新黨青年，利用高額獎金、稿費，吸收學生認同中國，並鼓勵其報考軍校，成為中方潛藏在臺灣軍隊內的暗棋。

綁約臺灣年輕人，破除天然獨

除了影響在臺灣的年輕人，中國也全面爭取臺灣的青年前往中國。國臺辦在二〇一八年二月二十八日發布所謂的三十一項「對臺措施」，其中有十九項措施涉及「逐步為臺灣同胞在中國學習、創業、就業、生活提供與大陸同胞同等待遇」。中國也鎖定臺灣的醫師、教師、財經人才，透過重新包裝舊政策，吸引臺灣青年前往中國發展。

為將在中國居住的臺灣人，納入「中國國民」體系，中國在二〇一八年九月實施「港澳臺居民居住證」，採取同於中國身分證的編碼、技術標準，讓居住證持有人不必設立中國戶籍，就能獲得社會保險、勞動就業等權利，並享受公共服務和便利措施，透過迴避設立戶籍這道障礙，提高臺灣人的申請意願，進而模糊兩岸間實質與心理的界線，製造對臺行使管轄的假象。

而在臺灣這塊土地上，有中國設立或資助的組織，可替中國執行政治任務；也有各式的基層組織到臺灣的滲透、入侵；國人舉目所及的媒體、網路，也被中國徹底掌握。

中共在臺灣的分支，多到數不清

中共當年拉攏由各小黨組成的中國民主同盟，雖無實質政治影響力，但能藉由各種媒體營造出反國民黨政府的輿論，在政治協商會議取得成功，奠定統治全中國的基礎。

現在的臺灣，中國除了極力協助有實質政治影響力的國民黨之外，許多能登上媒體版面的小黨，與中國的關係更是密切。例如新黨，長期由郁慕明全面把持，走上最親中的路線，包含新黨內部，都有人質疑郁慕明在中國置產、利用中國經營個人事業，否則怎有財力獨撐新黨至今？還有許多沒沒無聞、但只要選舉前需要政治表態時，就會頻頻出現在特定媒體的小黨及政團，負責人往往也與中國有密切的關係。

人數超過三十萬人的中國配偶，取得臺灣公民權後，當然有權組織政黨。以中配為基礎的「中國生產黨」，負責人盧月香高度介入臺灣政治，自稱曾幫國民黨向臺商買票，還發願要讓臺灣的立委、將軍都來跪拜毛澤東，願意「幫中國做不方便做的事、說不方便說的話」。就連金門實施博弈公投，也不忘呼籲陸配投下反對票，貫徹中國的反賭立場。

而挺中動作最明確的組織，就是「中華統一促進黨」與「愛國同心會」了。他們均擅長動員大批人力，以高調、醒目的動作支持中國，代表中國進行政治抗爭。統促黨還進一步深入臺灣中南部社區、宮廟，透過日常生活的互動，強化臺灣人民對中國的認同。

基層結構、信任圈，都有中國的身影

無論是最基層的村里，或在臺灣居住最久的原住民，乃至於農民、漁民、受災戶，中國均各發展出連串的滲透模式，不只要爭取基層的認同，也要盜取臺灣的農漁技術，進一步弱化臺灣農漁產業的結構。

因馬英九上任才開放的中客來臺觀光旅遊，更是全盤受制於中國。中國掌握所有的客源，還透過港資、假臺資來臺建構「一條龍」產業鏈，促使臺灣只能在帳面上堆砌華麗的數據，卻在承受各種外部成本後，只剩最微薄的基本收入。

原本由國民黨掌握的地方派系、宮廟勢力，則因國民黨逐漸消退後，改由中國接手維繫，可能是提供資源協助國民黨，也或許是指派新的代理人；臺灣的基層確實因為中國的極力滲透，開始出現不同的面貌。

媒體、網路全面掌控，中國資訊戰入腦、入戶

對於已與基層脫節，但離不開網路、媒體資訊的多數臺灣民眾來說，中國挾龐大市場所製播的節目，慢慢回銷臺灣，大量散播中國的「天朝觀」。打開臺灣的電視、網路頻道，幾乎已遭中國全面攻陷，就算是正規的傳播媒介，也被中國扶植的傳媒、中國製造的假訊息全面覆蓋。可說是每分每秒，中國都在對臺灣進行「資訊戰」。

本書將從頂端到基層，從外到內層層檢視中國對臺灣的滲透，讓讀者了解中國的滲透是多麼地全面化、完整化。這是一場看不到槍彈與鮮血的戰爭，是中

國侵臺的總體戰，無論身處何方，都無所遁逃。

破除既有框架，全面備戰

對於臺灣而言，要對抗這種史無前例的總體戰，現有的體制、法律已難以應付。無論是「刑法內亂外患罪章」、「國家安全法」、「國家機密保護法」都只是治標不治本，甚至連痛處都搔不到。

絕對有必要針對「中國代理人」，進行全面性修法。

更重要的是，臺灣不能只寄望政府看家、顧門。過去馬英九執政八年期間，幾乎是完全放任中國勢力進出臺灣。

必須是全民即刻醒悟，下定不想被中國統治的決心，全面抗拒中國在臺灣的任何滲透行為。

第一卷

外交圍戰
內找代理人

外交大休兵，中國忙滲透

一九四九年，中華人民共和國成立後，世界各國就陸續與中華民國斷交，改與中共建交。斷交潮在中華民國一九七一年十月退出聯合國後達到高峰，兩年內斷交達二十一國。不斷探底的趨勢，因李登輝、陳水扁執政時期改採「務實外交」而略見起伏；馬英九執政時期雖實施「活路外交」（外交休兵），但中國仍積極滲透、佈建，以致蔡英文執政後，不時就能啟動斷交秀。

臺灣在李登輝執政時期採取「務實外交」政策，不再堅持中華民國代表中國，以追求更實質的外交權益；在邦交國方面，扭轉只減不增的趨勢，尋求世界各國與臺灣建交或復交，同時透過友邦在聯合國等國際組織提案，支持中華民國重返國際社會。繼任的陳水扁，更將這樣的策略發揮到淋漓盡致。

然而這樣的積極與努力，卻遭馬英九抨擊是「烽火外交」，因而在就任總統後採取「活路外交」，以外交休兵的實際作為，全面避免觸犯「一個中國」原則，乞憐中國的善意。

外交休兵大擺爛，中國攻勢未停緩

臺灣的外交預算、援外經費因此大幅縮減。外館不用再費心維持邦誼，更不必爭取臺灣的外交空間，徹底喪失外交功能。因此馬政府期間的外館，屢屢爆發各種匪夷所思的醜聞。

已婚的駐斐濟代表秦日新，私下與日本駐斐濟大使館秘書發展不倫戀，甚至動用公款購買定情物；駐斐濟代表處一等秘書劉壽軒，公然在辦公室看Ａ片，還色慾薰心到對女職員性騷擾；更有駐美國堪薩斯辦事處長劉姍姍，不只虐待菲傭而遭美國聯邦調查局逮捕，事後還違規聘任中國籍幫傭；駐美國代表處國會組長李中偉，在辦公室內強吻、強抱心儀的女職員；駐日代表沈斯淳竟在日本百餘位國會議員設宴邀約時，藉口門外有學生抗議，率整個外館集體爽約。

正是在馬政府外交休兵這八年，中國表面上不挖臺灣邦交國，檯面下的動作卻從未停止過——積極與臺灣友邦建立「經貿外交」關係，實質是趁機架空與臺灣的正式邦交。

原本就有意在當選後與中國建交的前巴拉圭總統盧戈，雖未在其四年任內實現這個夢想，但也在二〇〇八年表明「不會發言支持臺灣加入聯合國」，更頻頻拋出「中國想在巴拉圭設經貿辦事處」的議題。中國領導人習近平還趁二〇一四年七月出席「南美洲國家聯盟」，拉攏當時的巴拉圭總統卡提斯，並將巴拉圭列入「中拉聯合聲明」。

默默掌握邦交國命脈，中國隨時就能翻牌

為了協助宏都拉斯發展水利工程，臺灣派有電機團，但中國卻直接承包宏國水庫興建工程，還給了三億美元。薩爾瓦多則與中國簽訂FTA，購買中國國債，中國並協助薩國建立運動場等公共基礎設施。

中國早已是巴拿馬運河的最主要客戶，長久以來，中國駐巴拿馬貿易發展辦事處就非常活躍。自瓦雷拉在二〇一四年七月就任巴拿馬總統以來，中國所爭取到的港口、地鐵與公路等工程，就高達二百五十六億美元，此外，具有投票權的巴拿馬籍中國人，更多達三十萬人，占了瓦雷拉百分之八的選票。

二〇一七年十一月，中國駐多明尼加貿易發展辦事處宣布將斥資八點二億美元，執行廢棄物焚化廠、天然瓦斯廠及多功能水力發電計畫，其代表人傅新蓉還曾任國臺辦政黨局副局長；另外，對於有意開鑿尼加拉瓜運河的尼加拉瓜，中國亦參與投資，甚至八名馬紹爾群島國會議員還在二〇一八年十一月遭到中國與親中企業的收買，對總統海妮提出不信任動議，最後終以一票之差，驚險保住大位。

面對這種基礎脆弱的外交關係，馬英九居然在二〇一一年八月沾沾自喜地宣稱，政府掌握到至少有三個邦交國想與中國建交，但遭到拒絕，顯見「活路外交」已產生了效果。

根據「維基解密」顯示，馬所宣稱的就是巴拉圭、多明尼加、巴拿馬等三國，言猶在耳，現僅存巴拉圭仍是臺灣的友邦。

臺美每有正向發展，中國就發動報復行動

正因基礎薄弱，中國在二〇一六年蔡英文就任總統後，只要有什麼不滿，隨時就能上演斷交秀。蔡英文在同年十二月二日與美國總統川普通話，中國隨即於十二月二十一日發動聖多美普林西比民主共和國與臺灣斷交。

美國眾議員在二〇一七年五月提出《臺灣旅行法》，中國馬上於六月十三日發動巴拿馬與臺灣斷交。《臺灣旅行法》在二〇一八年三月十六日經川普簽署生效，美國、日本、德國等重量級國家紛於二〇一八年五月的世界衛生大會（WHA）替臺灣發聲，中國也不甘示弱，策動多明尼加與布吉納法索兩國與臺灣斷交。

二〇一八年八月十三日，川普簽署《二〇一九財政年度國防授權法》，內容包括由美國國防部長與臺灣對等機構諮商後，評估臺灣軍力，由美國國防部長與國務卿向國會提供臺灣防禦報告。於是，中國外交部、國防部、國臺辦除了高分貝抗議以外，更於八月二十一日、蔡英文剛結束「同慶之旅」返臺隔日，馬上挖走了薩爾瓦多共和國。

即便是臺灣的邦交國，中國都滲透到隨時能操弄的地步，雖說這些邦交國與臺灣的實質互動、經貿往來並不密切，但臺灣若想繼續在國際社會上發聲，保有能夠提案、發言的邦交國，仍是相當重要的一環。

你的名字，中國管定了

中國在馬政府執政期間，配合馬英九總統遵循「九二共識」，雖沒挖角臺灣的邦交國，但卻從未放棄在臺灣的邦交國做布局、滲透的工作——乃至在蔡英文總統上任後兩年餘，接連挖走聖多美普林西比、巴拿馬、多明尼加、布吉納法索、薩爾瓦多等五個邦交國。

不僅如此，就連只有商貿、文化關係的非邦交國，中國的滲透也毫不手軟。臺灣在非邦交國所設立的駐外館處多冠名為「臺北」，但仍有極少數因駐在國政府的同意或善意，得以用「中華民國」、「臺灣」為名。其中，駐在斐濟、巴布亞紐幾內亞、約旦、阿拉伯聯合大公國、奈及利亞及厄瓜多的外館以中華民國為名，駐巴林外館以臺灣為名。

非邦交國怎麼稱呼？中國管到底

不過中國在蔡英文總統二〇一六年五二〇就任後就展開猛烈的攻勢，以二百億美元貸款為條件，迫使奈及利亞政府在二〇一七年一月，也就是聖多美普林西比剛與臺灣斷交、蔡英文總統出訪中美洲四友邦的同時，中國即要求設在首都阿布加的駐奈及利亞中華民國商務代表團改名並遷址至拉哥斯，同時發表聯合聲明，強調「一中原則、官方不宜使用中華民國（臺灣）名稱」。

奈及利亞外交部甚至致函臺灣駐處，要求代表趙家寶限期離境，否則無法保障其安全。中國以迅雷不及掩耳的速度執行「更名、拆牌、遷都、減人」的行動，臺灣只好將奈及利亞駐華商務辦事處逐出臺北市，遷往板橋以表達無奈的抗議。

中國隨後同步施壓阿拉伯聯合大公國、厄瓜多、巴林、巴布亞紐幾內亞、約旦等五國，前後不到一年，五國駐處均改稱為臺北。

中國先在二〇一七年六月上旬向阿聯施壓，迫使「中華民國駐阿拉伯聯合大公國杜拜商務辦事處」改名為「臺北商務辦事處」，接著再於六月下旬施壓厄瓜多，將「中華民國駐厄瓜多商務處」更名為「臺北駐厄瓜多商務處」，但厄瓜多也懇求臺灣不要中止進行中的三項合作計畫，我方最後同意維持財團法人國際合作發展基金會協助的「厄瓜多牡蠣繁養殖計畫」。之後，中國持續在二〇一七年七月施壓巴林政府，迫使「臺灣駐巴林商務代表團」更名為「駐巴林臺北貿易辦事處」。

臺灣忙救災，中國勤打壓

在花蓮發生震災的二〇一八年二月間，巴紐政府在中國的施壓下，要求將「中華民國駐巴布亞紐幾內亞商務代表團」更名為「臺北駐巴布亞紐幾內亞經濟文化辦公室」，並且還沒收代表團的外交領事車牌，外交部抵抗至五月，最後不敵中國的攻勢。約旦政府則在中國施壓數個月後，於二〇一八年四月要求將「中華民國駐約旦商務辦事處」更名為「臺北經濟文化辦事處」。

最後遭到毒手的是「中華民國駐斐濟商務代表團」。斐濟總理姆拜尼馬拉馬在二〇一七年五月前往北京出席「一帶一路國際合作高峰論壇」後，斐濟政府就以無法維持為由，自臺撤館，暫未要求我方更名。不過在中國鍥而不捨地施壓下，終迫使斐濟於二〇一九年七月將我代表處更名為「駐斐濟臺北商務辦事處」。

自此，再無以「中華民國」、「臺灣」為名的外館。

星光計畫閃瞎中國，只好搞破壞

雖然臺灣與新加坡從未建立過正式的外交關係，但兩國官方往來卻是非常密切，尤其是新加坡派遣部隊來臺灣訓練的「星光計畫」，已持續超過四十年。為打壓臺灣的外交空間，中國也不斷施壓新加坡，嘗試與新加坡建立軍事合作，意圖全面斬斷臺、星間的軍事合作。

新加坡自一九六五年獨立建國後，並未與我們建立正式的外交關係，但為避免軍事訓練完全依賴以色列，一九六七年起就接受臺灣的協助，以訓練海、空軍，組建軍隊。新加坡總理李光耀於一九七五年訪臺時，更與行政院長蔣經國簽署名為「星光計畫」的軍事合作計畫，由新加坡定期派遣星光部隊並借用臺灣的軍事基地，進行訓練，範圍涵蓋陸、海、空三軍。星光部隊也長期參與國軍的各式演習。

新加坡建國之初，臺、星就展開軍事合作

且臺灣海軍的敦睦遠航訓練，在一九七三年起，均會停靠新加坡，直到二〇〇二年。敦睦遠航在二〇〇五年首度環球航行，原已規劃將新加坡列為首站，但在中國強勢介入下，遭新加坡拒絕入港停靠。

新加坡軍方也在中國的積極邀訪、運作下，於二〇〇九年、二〇一〇年派出負責反恐維安任務的陸軍小組，前往中國廣州，與中國進行反恐安保聯合訓練。二〇一四年起，星軍更密集與共軍交流，新加坡海軍分別在四月、八月與中國海軍進行軍事交流。十一月二日還派出七十人規模的連級部隊，與中國南京軍區解放軍部隊進行代號為「合作」的山地聯合戰鬥行動，訓期八日。

二〇一六年十一月二十二日，星光部隊在高雄港循往例，將十二部 AV-81 裝甲車以「星光訓練用槍械及軍品」、「星光訓練用車輛」等名義，裝載上 APL

貨櫃輪準備運回新加坡。

眼紅星光計畫，拉攏不成就搞破壞

不過在貨輪二十三日晚間，停靠香港葵涌貨櫃碼頭（今稱葵青貨櫃碼頭）時，香港海關即以「涉嫌走私軍火」為由，扣留其中的九輛裝甲車，車上還懸掛在臺使用的軍用車牌。直到二〇一七年一月二十四日，香港政府才在扣留逾兩個月後，宣布將歸還新加坡九輛裝甲車並於一月二十七日凌晨運離香港。

中國外交部發言人耿爽則於二〇一六年十一月二十八日針對此事抨擊「中國反對與中國建交的友邦與臺灣進行軍事交流」，還要求新加坡政府切實恪守「一個中國」原則。中國國防部發言人楊宇軍也在十一月三十日強調，中國反對任何國家與臺灣進行官方往來和軍事聯繫，意圖藉此施壓新加坡終止與臺灣的軍事合作關係。

新加坡國防部長黃永宏在十一月二十九日說明，新加坡武裝部隊在海外訓練都是以商業運輸模式載運一般的軍備設施，從未出現過異常，世界許多國家的部隊也採取這種作法，此次遭查扣是首例。

新加坡外交部長維文亦反駁中國，包括中國在內的每個國家都知道，新加坡和臺灣之間有長期的特別協議，這不是秘密——新加坡不能遺忘曾經協助新加坡建立武裝部隊的老朋友。

中國要到面子，臺灣保住裡子

然而，退輔會主委李翔宙預計在二〇一六年十二月底，受邀訪問泰國途中前往新加坡，拜訪海外榮民；原已獲得新加坡同意，卻因中國的施壓而在行前遭到新加坡的拒絕入境。

新加坡原透過外交系統，主動歡迎海軍敦睦遠航前往新加坡訪問。海軍因而變更航程，將新加坡列為二〇一七年敦睦遠航的首站；不過消息曝光後，再因中國因素而遭新加坡取消。

新加坡總理李顯龍於二〇一七年九月下旬，率領內閣代表團訪問中國，修補雙方關係，曾一度傳出中國施壓新加坡終止星光計畫。不過，新加坡事後透過外交管道向臺灣外交部、國會傳達「一切照常」的立場。

中國給的工作，有毒

中國人民政治協商會議（簡稱政協）是中國法定的統戰組織，上至中央，下至縣、區層級的地方政府，都設有政協。因為政協委員具有高度的政治性質，屬於《兩岸人民關係條例》禁止臺灣人民出任的職位。然而，許多在中國經商、就業的臺灣人，有因中國的刻意統戰，或因此身分便於在中國發展，以致許多臺商紛紛陸續擔任政協委員。

擔任中國政協，馬政府從寬解釋

馬英九總統於二〇〇八年就任總統後，於同年九月接見全國臺灣同胞投資企業聯誼會（臺企聯）幹部時，面對臺商期待政府修法開放出任政協委員，馬英九竟當場裁示，認為這是「好的方向」。儘管總統府發言人王郁琦事後緊急澄清那只是要求陸委會先整合各界意見，再行研究；但也鬆口表示，可能先朝「開放地方政協委員的方向」進行研究。

由於此舉引發臺灣社會的強烈反彈，馬英九隨即在二〇〇八年九月十七日與國民黨立委餐敘時表態，不會開放臺商擔任政協委員。

而根據陸委會的掌握，在二〇〇八年九月時，至少有十餘名臺灣人擔任地方政協委員，並希望在開罰前，能勸說他們辭任。但陸委會也放寬解釋，不把兼任性質的政協委員、特聘政協委員視為違法。

由於馬政府對於類似現象以「查證困難」為由，採取放任的態度。直到二〇一二年三月三日，首度有臺灣人出任常務政協委員——山東臨沂臺商協會榮譽會長劉竹承，在「臨沂政協會議」從原任的政協委員獲選為常務委員。

違法擔任中國黨政軍，馬政府不罰

國安局也在二〇一二年三月二十六日首度證實，包括政協委員、人大代表，多達一百六十九名臺灣人任職中國黨政軍，其中一人為全國政協委員、七十三人為地方政府政協或特邀委員、五人為各地方政府的人大特邀代表。

中國國臺辦則對此「大吃臺灣豆腐」，強調臺灣人參與當地政治生活，有利融入當地社會，呼籲馬政府以積極、建設性的態度看待。

為了保護在中國擔任中國黨政軍的臺灣人，陸委會隨即將查證報告列為密件，並將解密日訂在二〇二二年三月。甚至還將疑似違法的名單大幅縮減至只剩三十二位，包括全國政協委員黃紫玉、廈門市政協委員曾欽照、東莞市政協委員林佳蓉、洪文正、翁阿輝、謝慶源、翟所領等。

為了施壓政府修法解禁，臺企聯總會長郭山輝、常務副會長葉春榮、曾欽照等多名臺商代表，持續在二〇一二年底遊說立法院，應修法開放臺商擔任政協委員。

陸委會經過整整一年調查後，二〇一三年四月向立法院提報查處情況，居然一個人都沒罰，放任其「就地合法」，包括擔任全國政協的六人——內政部分別以「未在臺灣設籍、僅擔任特邀委員、查無任職事實」等理由，不予裁罰。直到二〇一三年十二月，才對一位任職於廈門高新技術創業中心副主任的個案開罰十萬元。

蔡政府硬起來，政協、社區主任助理都不行

在民進黨二〇一六年執政後，中國進一步在二〇一七年十月推選臺灣土生土長的上海復旦大學外國語文學院副院長盧麗安，擔任中共十九大黨代表。陸委會則立即查明，盧均以中國身分進出臺灣，確定已入籍中國，內政部當下也廢止其臺灣戶籍，未來若要來臺從事政治性活動，均要提出申請。

國安局同時說明，包括兼職、顧問與榮譽職，共有一百三十一人擔任中國官職，其中十九人擔任正職。經陸委會的查處，已分別針對一名擔任某技術創業中心副主任者、一名擔任某地區招商局副局長者，各罰十萬元。

直到二〇一九年三月，凌友詩擔任中國第十三屆全國委員會委員，並於政協

會議以文革式的樣板演說，對中國歌功頌德。內政部查明她尚有臺灣戶籍後，開罰五十萬元，創下臺灣人擔任中國政協挨罰之首例。

內政部也同時對前往中國擔任社區主任助理的兩位臺灣民眾各開罰十萬元，並持續調查其他在中國擔任社區主任助理之不法情事。

截至二〇一九年七月，內政部已進行四波裁處，共處罰三十三人。

中國高官，全臺助選

各國為了避免他國干預國內的選舉，均訂下嚴格的禁令，臺灣當然不例外，包括「政治獻金法」禁止參選人收受來自外國、中港澳的資金，「總統副總統選舉罷免法」、「公職人員選舉罷免法」也禁止任何參選人邀請外國、中港澳人民助選。

然而，在馬英九總統執政期間，中國國臺辦官員竟然大搖大擺地「全臺走透透」，替國民黨參選人站台、大開支票，最後因顧忌臺灣社會的反感，才在二〇一二年選前緊急喊停。

鄭立中化身國民黨競選總幹事

馬英九於二〇〇八年就任總統後，對中國門戶大開，中國各省、市的代表團絡繹不絕，幾乎週週都有副省長以上的高官率團訪臺。其中，身兼中國國臺辦副主任與海協會副會長的鄭立中，在臺灣更是暢行無阻，得以在國民黨的協助下，隻身深入最臺灣基層的鄰里組織。

二〇一一年六月八日，鄭立中藉出席「兩岸協議成效與檢討會」來臺，在臺北短暫停留數日後，隨即率領有國臺辦政黨局副局長王小兵、國臺辦研究局副局長頓世新、國臺辦經濟局副局長張世宏、國臺辦交流局處長蔡其泉、國臺辦投訴協調局副處長謝漸升，浩浩蕩蕩地南下參訪高雄、屏東。

六月十三日在尋求連任的國民黨立委王進士陪同下，參訪屏東大鵬灣、東港鎮大潭里的石斑魚養殖場、萬丹酪農業。十四日在國民黨立委參選人羅志明陪同下，參訪屏東三地門的琉璃坊、原住民文化區、高樹的休閒農場、里港鳳凰廟、里港鄉公所、三地門鄉公所，並安排與基層農民及產業界對談。

十五日在尋求連任的國民黨立委鍾紹和陪同下，參訪高雄美濃、旗山、大樹等地區，還與已轉投國民黨的前高雄縣長楊秋興餐敘，尋求連任的國民黨立委黃昭順、侯彩鳳獲邀陪訪。

雖然陸委會宣稱，鄭立中的高屏行是考察採購團的落實情形，然而，根據民進黨立委出示的行程表顯示，這是國民黨智庫「國家政策研究基金會」所邀訪，並註明羅志明及王進士是選區立委參選人，擬情商其全程配合拜訪，十五日下午則留白，讓鍾紹和自行安排行程。

中國各省市劃定輔選責任區

不到一個月（七月八日），鄭立中又率領原班人馬訪臺，這次更是走遍臺南、嘉義、雲林、臺中。不過有鑑於六月的行程太過招搖，引發臺灣社會高度質疑，此行顯然低調不少，刻意不安排參選人隨行，改由國民黨籍的議員、議長、鄉鎮市長、鄉鎮市代表會主席、農漁會總幹事陪同。

甚至當時還傳出，中國已指定各省、市劃定責任區，每單位認養二位國民黨區域立委參選人。然而，隨著選戰進入熱季，馬英九趕緊於二〇一一年七月透過管道告知中國，請在二〇一二年一月選前「減少高層官員來臺」的行程，避免過度刺激臺灣社會。

縱然不方便堂而皇之地繼續在臺走透透，中國還是可以透過各種管道影響選情。例如中國上海市臺辦就以全額出資、高規格禮遇之方式，在二〇一一年十一月十七日至二十一日，招待臺灣各縣市旅北同鄉會總幹事共二十八人到訪，並由上海市委統戰部長楊曉渡親自在「上海虹橋迎賓館」宴客，呼籲諸位旅北同鄉會總幹事發揮影響力，協助馬英九成功連任。

中國輔選，要臺商出錢出人又出力

又如中國廣東省東莞市政府臺灣事務局蔣小華、謝春、李湛朝、東莞市公安局連絡室鍾日明、東莞市外經貿局科長邵錦濤、東莞市海關副調研員譚育寧擔任幹部的東莞臺商協會，就下令要替國民黨助選。

東莞臺商協會虎門分會因而在二〇一一年十二月發出捐款通知，要求會員匯款到副會長林雙龍設於中小企銀烏日分行的帳戶或前往分會秘書處捐款，據此領取馬吳後援會的收據。臺商協會甚至要把捐款資料彙報給廣東省臺辦主任陳國興、東莞市委書記徐建華，協助中國政府監控臺商的政治傾向。

第一名的中國代理人——「戰哥」

由於臺灣與中國過去已敵對、互不往來數十年，中國在兩岸開放往來後的早期尚無走入臺灣社會的管道與勢力，只有在陳水扁於二〇〇〇年當選總統後，中斷國民黨在臺灣長達六十五年的統治，得以尋求與國民黨合作，透過「代理人」慢慢深入臺灣社會。前國民黨主席連戰，就是代理人模式的最佳樣板。

國共第三次合作，就是要消滅臺灣

連戰過去在李登輝執政時期，謹守李登輝路線，然而在二〇〇〇年總統大選，他因泛藍陣營分裂的棄保效應，最後落居第三。選後，挾支持者的滿腹怒火，逼宮李登輝辭去國民黨主席，當上藍營共主。但在二〇〇四年與宋楚瑜合作後，仍無法贏回政權，也讓中國失去耐心。

中國一方面在二〇〇五年三月通過《反分裂國家法》，表明「中國可以在臺灣從中國分裂出去的事實；發生將會導致臺灣從中國分裂出去的重大事變；和平統一的可能性完全喪失等狀況下，能採非和平方式及其他必要措施，捍衛國家主權和領土完整」。

中國也同時嘗試與國民黨建立溝通管道，徹底架空陳水扁政府在兩岸事務的任何權力，並於二〇〇五年四月底以元首級待遇、高規格邀訪連戰，讓連戰完成「確立法統、尋根、祭祖」等工作，更與中共總書記胡錦濤在二〇〇五年四月二十九日完成國、共兩黨領導人自一九四五年後的首次會晤，並簽署《連胡公報》。

世衛模式，徹底限縮臺灣的國際空間

國、共兩黨繼一九二三年為對抗軍閥、一九三七年共同抗日後，在二〇〇五年第三度合作——中國也立即依據以「一中原則」為基礎的《連胡公報》，在二〇〇五年五月十四日與世界衛生組織簽署《諒解備忘錄》，規定世衛對臺灣的疫情通報都要透過中國。中國更在馬英九於二〇〇八年率國民黨重返執政後，循《連胡公報》所授權的「宗主國」模式，發函給臺灣參與世衛。讓臺灣的地位在徹底被矮化的情況下，以「CHINESE TAIPEI」名義出席世界衛生大會。

而臺灣參與國際社會的空間，也因「世衛模式」的普遍化與國際化，遭到嚴重的限縮——成就中國對臺代理人模式的最佳成果。

但連戰的王牌代理人角色不僅於此。

中國為紀念抗日戰爭勝利七十週年，爭取歷史的詮釋權，同時抗衡美日同盟的強化，特地選在二〇一五年九月三日於北京天安門廣場大規模舉行閱兵儀式。

中國大閱兵，連戰是貴賓

此時的國民黨陣營，因馬英九任內大幅傾中，引爆反服貿運動（也稱太陽花學運），導致國民黨先在二〇一四年底的地方公職人員選舉大敗，又在二〇一六年初的總統、立委大選可能喪失執政與國會優勢的情況下，各方勢力都在盤算如何在選後搶下藍營的領導權。

中國遂趁此良機，邀請連戰出席閱兵，進一步壓縮國民黨在對日抗戰的地位。此舉雖引發國民黨內的高度質疑，但成功激化高度傾中的國民黨總統參選人洪秀柱，她不只多次發言肯定連戰的「閱兵行」能促進兩岸和平交流，還在「閉關」三日後，於九月七日的「出關宣言」以「兩岸分治不分裂」的原則，倡議更偏向「一中原則」的兩岸「政治協商」。

只不過，國民黨之後緊急撤換洪秀柱。她主張的「和平協議」、「政治協商」也自此塵封，反而在中國領導人習近平於二〇一九年初首度抛出探索「兩制臺灣方案」，直接將「九二共識」定調為「一國兩制」後，國民黨陣營才又紛紛重提「和平協議」。

民主協商不民主，和平協議不和平

中國共產黨在一九四五年抗日戰爭後，打著「政治協商」、「和平協議」的口號，大玩兩面手法，最終將國民黨政權逐出中國。近年來，為併吞臺灣，再次祭出民主協商、和平協議等口號，企圖透過「國民黨」這個代理人，誘騙臺灣簽下讓渡主權的政治協議。

從民主協商到政治協商，國民黨正當性遭徹底壓縮

中共與國民黨在「西安事變」後合作抗日，但中共趁機壯大，並於一九四五

年八月日本投降後，展開奪權計畫。

中共拋出「民主協商」誘使國民黨談判，雙方在一九四五年十月十日簽署《政府與中共代表會談紀要》（雙十協定）後，中共隨即聯手蘇聯紅軍、搶占東北——迫使國民黨政府於一九四六年召開「政治協商會議」，讓中共得以與中國民主同盟形成統一戰線，削弱國民黨的統治基礎。

國民黨在一連串的戰役潰敗後，於一九四九年四月派代表前往北京商討「國內和平協定」。但當時，實力已遠勝國民黨的中共提出了嚴苛的條件，並堅持無論是否簽署協定，一定會渡過長江、占領南京。最終，協定沒簽成，國民黨也一敗塗地，半年後就逃往臺灣。

中共將國民黨逐出中國後，進一步進軍西藏。

一九五一年五月二十三日，中共迫使西藏政府代表團簽署《中央人民政府和西藏地方政府關於和平解放西藏辦法的協議》（十七條協議），以和平包裝中國的武裝統治。事前不知情的達賴喇嘛，只能被動接受，解放軍也因此正式進駐西藏。最終釀成一九五九年動亂，達賴喇嘛因此流亡海外。

簽下和平協議，西藏喪失一切

雖然歷史的殷鑑不斷，不過國民黨主席馬英九在參選二〇〇八年總統時，就率先在二〇〇七年二月首拋「當選後將與中國協商和平協議」。中共總書記胡錦濤也在同年十月舉行的「中共十七大」中，提出兩岸簽署《和平協議》的主張。

馬英九再於二〇〇八年三月二十二日的當選記者會中表示，「願在中國撤除飛彈的前提下，簽署和平協議」。

不過馬英九就任後，並未積極推動兩岸簽署和平協議。

直到競選連任前的二〇一一年十月十七日，提出「黃金十年」願景時表明，「將於十年內審酌推動兩岸商簽和平協議。」此說一出，立即引發臺灣人民強烈質疑「就是統一協議」，因此馬英九在十月十九日深夜拋出「兩岸和平協議必須交付公投」、十月二十日再親自召開記者會強調，「若要推動兩岸和平協議，必定會先交付人民公投，公投未過就不簽署」。

結果，此說立即引發中國強烈的不滿。

馬政府事後緊急派人前往中國解釋，中國國臺辦則於十月二十六日高分貝批判公投說，強調「凡是涉及兩岸關係的重大問題，都應考慮兩岸同胞的願望」。

兩面不討好，馬英九棄推和平協議

因為臺灣、中國兩面都不討好，馬英九於二〇一一年十月二十八日定調，「未來四年都沒機會談和平協議」。二〇一二年連任後，面對中國不斷要求兩岸展開政治對話，討論政治協議，馬英九均持保留態度，他僅搶於卸任前安排與中國領導人習近平於二〇一五年十一月七日在新加坡會面時，同意自行刪除「一中各表」，而以「一個中國原則」定義「九二共識」。

不過原先代表國民黨參選二〇一六年總統的洪秀柱，就多次主張簽署兩岸和平協議，還在國民黨內大反彈後，改推兩岸「政治協商」，且框上「兩岸分治不分裂」的定位原則。最終遭到國民黨撤換。

對於中國而言，逼迫臺灣簽下和平協議，就能阻卻外國勢力的介入，得以完成併吞臺灣的歷史大業。

但這樣的圖謀始終難以得逞。

終於，中國在國民黨全面贏得二〇一八年地方公職人員選舉後，看到了機會。習近平在二〇一九年一月二日「告臺灣同胞書」四十週年紀念會，對臺發表半小時的談話中，拋出「習五條」，包括「攜手推動民族復興，實現和平統一目標」、「探索兩制臺灣方案，豐富和平統一實踐」、「堅持一個中國原則，維護和平統一前景」、「深化兩岸融合發展，夯實和平統一基礎」、「實現同胞心靈契合，增進和平統一認同」等。

和平協議、民主協商，又要重演歷史噩夢

習近平的風向球馬上引發國民黨各陣營相繼重提和平協議。率先表態參選總統的朱立倫，其岳父高育仁在二〇一九年一月下旬，以習近平的談話為基礎，呼籲兩岸在一中框架下，簽署和平協議。國民黨主席吳敦義也趕在二月下旬宣布，國民黨只要重新執政，就有權力簽署兩岸和平協議。

為了進一步落實「習五條」，中國進一步在二〇一九年三月的全國人大和全國政協之後，廣邀臺灣政黨、團體、學者與青年就「一國兩制臺灣方案」進行「民

主協商」。

民主協商與和平協議，都是當年中共擊潰國民黨政權的兩大妙招，現也挾此對臺灣布局十餘年，就要盼到開花結果的時刻。只要臺灣接受這種不民主的民主協商、不和平的和平協議，中國實質統治臺灣的日子也不遠了。

「一國兩制」真的在發生

中國滲透臺灣的終極目標就是「一國兩制」。中國的主要代理人國民黨，堅持了二十餘年的「一中各表」，終於在馬英九執政後期，陸續鬆口為「一國兩區」、「同屬一中」、「一中同表」、「一個中國」。

直到國民黨贏得二〇一八年地方公職人員大選，中國繼連戰後，再拱出新任代理人韓國瑜，中國領導人習近平正式提出「一國兩制臺灣方案」，配合綿延不絕的政經攻勢，讓國民黨默默吞下「一國兩制」。

馬英九靠著「九二共識、一中各表」的宣示，高票贏得二〇〇八年總統大選。

就任總統後，也以此為基礎，強化臺灣與中國的互動，透過《兩岸經濟合作架構協議》（ECFA）及開放中國觀光客等措施，深化臺灣對中國的經濟依賴，並換取「中國不挖臺灣邦交國」的默契。

不過對中國而言，國民黨維持「九二共識、一中各表」，不但是拖延中國併吞臺灣的期程，實際上中國也沒有給臺灣任何「各表」的空間。

從「一中各表」、到「同屬一中」、「一中同表」

於是，二〇一二年馬英九當選連任後，國民黨榮譽主席吳伯雄隨即於同年三月率團訪中，以代表馬英九與中國領導人胡錦濤會面。吳伯雄當場表示，兩岸同屬一中，臺灣推動兩岸關係所依據《兩岸人民關係條例》，是以「一國兩區」概念作為法理基礎。此說立即在國內引發喧然大波，馬英九也與之迅速切割，表示沒授權吳伯雄講「一國兩區」、「兩岸同屬一中」。

接著在二〇一五年五月，新任國民黨主席朱立倫首度前往中國參加「國共論壇」，為了爭取中國支持其參選總統，在與中國領導人習近平會面時，又拋「兩岸同屬一中」；另位也想參選總統的立法院副院長洪秀柱，則於同時提出「一中同表」。

隨著洪秀柱在國民黨內的支持度不斷提升，其兩岸立場愈加躁進，她甚至於二〇一五年七月表明，「不能說中華民國的存在，不然就會變成兩國論。」由於相關言論已重創國民黨選情，馬英九要求洪秀柱回到「一中各表」，國民黨更於二〇一五年十月換掉洪秀柱，徵召朱立倫參選總統。

迎合習近平，馬英九鬆口「一中原則」

卸任在即的馬英九，為確認自己的歷史定位，秘密洽詢與習近平會面，最後敲定於二〇一五年十一月七日在新加坡舉行「馬習會」，疑為回報習近平以配合演出，馬英九當天臨時修改講稿，主動在避談「一中各表」後，再加上「一個中國原則」，公開將「九二共識」定義成「一九九二年十一月就『一個中國原則』達成的共識。」

國民黨在二〇一六年敗選後，改由洪秀柱擔任主席。

洪秀柱於二〇一六年九月刪除掉政策綱領中的「一中各表」，僅存「九二共識」，大走「一中同表」路線。直到二〇一七年八月，吳敦義當選國民黨主席後，又重回「一中各表」。

二〇一八年底的地方公職人員大選，國民黨獲得中國的全面奧援，在政黨本質沒有任何改變下，取得史無前例的勝選。

中國只要「一國兩制」，徹底打臉「一中各表」

習近平順勢在二〇一九年一月二日抛出探索「一國兩制臺灣方案」，試水溫式地將「九二共識」定調為「一國兩制」。

但因蔡英文總統於第一時間以高調、強硬的態度回擊中國，獲得國際社會的全面聲援。

國民黨陣營則是全面消毒，強調「九二共識」仍是「一中各表」，並非「一國兩制」。

只是中國已無耐心「放任」國民黨投機取巧。

前國臺辦副主任王在希先在二〇一九年二月二十四日表明，只把「九二共識」解釋為「一中各表」，卻不謀求統一的國民黨，已扭曲「九二共識」本意。國民黨本還認定，這是中國對「九二共識」不同的詮釋。

國臺辦於是進一步在二〇一九年二月二十七日明示，「九二共識」的本義就是「一個中國原則」和「共同努力謀求國家統一」，而「和平統一、一國兩制」就是解決臺灣問題的基本方針。

國民黨趕緊於二〇一九年三月六日的中常會重申，兩岸立場仍維持「不統、不獨、不武」，並對「一國兩制」沒有共識。

不過同時，中國已成功拉攏高雄市長韓國瑜。

在韓國瑜二〇一九年二月出訪馬來西亞時，安排馬華一帶一路中心執行主席、中國海外交流協會理事會理事蔡寶強與其簽署一億元的農漁乾貨訂單備忘錄。再於韓國瑜二〇一九年三月出訪香港、澳門、深圳、廈門時，安排中國國有企業、受中國政府監管的企業，與韓國瑜陸續簽署總值五十二億元的訂單備忘錄。鎖定產值占比不到 GDP 百分之一的農漁業，進行政治行銷。

為求勝選，國民黨默默靠向一國兩制

二〇一九年三月二十二日、二十三日，韓國瑜覲見中國駐香港聯絡辦公室主任王志民、中國駐澳門聯絡辦公室主任傅自應，成為首位踏進中聯辦的臺灣地方首長。透過如此明確的動作、卑躬屈膝的態度，象徵韓國瑜對「一國兩制」的全盤接受。

國臺辦的官媒《中國臺灣網》更露骨地在三月二十四日晚間，刊出「民進黨為何如此挑剔韓國瑜港澳行？不願面對一國兩制實踐的成功？」直接定調韓國瑜正在實踐「一國兩制」。

至於公開抗拒「一國兩制」的國民黨，中國也對其發言人歐陽龍在中國發展的女兒歐陽娜娜略施薄懲，讓她必須為父親代表國民黨不接受「一國兩制」的言論，公開表態自己是中國人而非支持臺獨。

種種現象顯示，韓國瑜已用行動默認「一國兩制」，備忘錄是否能實現，也操之於中國。未來的國民黨只存在如何改抱「一國兩制」？絕不再有「一中各表」的任何空間。

第二卷

保密防諜從不褪流行

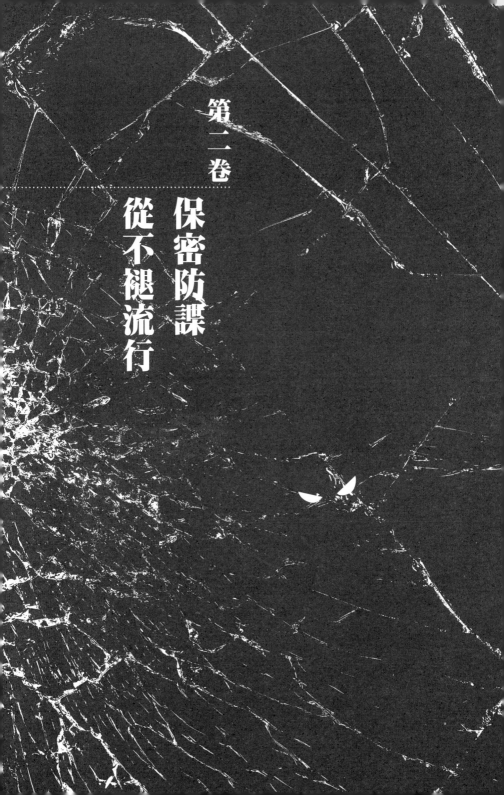

當年喊消滅共匪，現在好麻吉

當年在軍中把中共視為唯一假想敵的國軍將領退役後，於馬英九執政期間又遭到中國徹底的滲透，反而淪為臺灣社會「最向中國靠攏」的特定族群。終在二〇一六年十一月共有三十七人、累計六十三顆星，集體向中國國歌肅立致敬，引爆臺灣社會的反彈。

二〇〇八年，自馬英九就任總統後，兩岸交流愈加緊密，退將間的往來也日益頻繁。最早在二〇一〇年四月，由前退輔會主委許歷農等二十三位退役將領前往中國參訪。隨後，又有國民黨黃復興黨部主委、前國防部副部長王文燮率五十七位退役將領到中國參訪「黃帝故里」。五月底，再有前陸軍總司令黃幸強等二十七位退將赴中國出席高爾夫球敘活動。

馬政府全面親中，退將搶第一

包括中央軍事院校校友會、黃埔校友會及四海同心會等三大組織，均爭相尋求馬政府的授權。不過，馬政府也在層層顧忌下並未授權，也沒有補助任何經費。

二〇一一年五、六月間的退將訪中行程，雖馬政府已多方勸阻，但仍有二十餘位退將前往。其中，前國防大學校長夏瀛洲在結束球敘後，轉往北京出席第二屆黃埔論壇。中共少將羅援甚至在聯誼活動引述夏瀛洲的談話並指稱：「今後不要再分什麼國軍、共軍，我們都是中國軍隊。」引發舉國譁然。

夏瀛洲雖極力否認，但馬英九也因此指示國防部會同退輔會、陸委會，草擬「退役將領赴大陸地區的行為規範原則」，要求「未來退將集體到中國必須以行程透明、言行謹慎與不違反國家政策」為準則。退輔會則於二〇一一年五月發布「新版退休將級人員赴大陸參訪注意事項」，呼籲退將與對岸官員互動時，應多提「兩岸戰爭沒有贏家，只會造成遺憾」、「兩岸同屬炎黃子孫，同是中華民族」等言論、要求退將「多以臺灣地區、大陸地區稱呼，少用臺灣、中國簡稱」，另「不宜批評政府時政、國家元首或代表政府做出任何承諾或提及分裂國土及易使政府難堪的話語」。

最應該反共的，竟淪為解放軍好麻吉

然而，夏瀛洲卻仍在二〇一二年二月的西安事變研討會，照樣發表「國軍、共軍都是為了中華民族的統一」等言論。同年八月，許歷農也率領三十七位退將前往中國上海參加第三屆黃埔論壇，直接在會中建議兩岸在一個中國的前提下，簽署協議，未來逐步實現統一。

可議的是，即便夏瀛洲已毫無保留地展現親中立場。空軍居然在二〇一三年二月一日的長程預警雷達（SRP，樂山基地）成軍典禮邀請夏瀛洲出席，引發國防部不滿。

二〇一三年五月，再有許歷農等七名上將、九名中將的極高階訪問團以「和平之旅」為名，赴中參訪中央軍委、總政治部、總參謀部與總裝備部等中共解放軍等核心單位。

二〇一四年四月，黃幸強率二十餘位退將前往廣東佛山參加第六屆黃埔論壇。席間，有我方退將倡議應建立兩岸軍事互信機制作為政治協議的前提，甚至提出中國赤瓜礁與臺灣太平島進行相互合作的構想。同年六月的黃埔建軍九十週年活動，至少有夏瀛洲、王文燮等十餘名退將參與。

眼中只剩習近平

在馬英九執政期間，退將組團訪中一度蔚為風潮。在最密集的二〇一一年前八個月，就有多達七十八團共一千一百人次，等於每週就有兩個退將赴中團。

蔡英文於二〇一六年就任總統後，同年的十一月就有許歷農領軍率七名上將、十二名中將、十八名少將共三十七人、六十三顆星，前往北京出席孫中山誕辰紀念活動，還包括國民黨前副主席詹春柏、前秘書長許水德、新黨主席郁慕明、世盟總會長饒穎奇等藍營大老，全都在場聆聽中國國家主席習近平致詞，更在中國國歌《義勇軍進行曲》播放時起身肅立，畫面經中央電視臺全程轉播，成為國軍最不忍卒睹的難堪畫面。

最大尾的中將共諜

中國從來就沒放棄過用武力犯臺，目前也是國軍唯一的假想敵。中國對於國軍的滲透，更是從未停止過。

前海軍中將柯政盛任內就遭到中國吸收，退伍後還介紹現役海軍少將給中國統戰官員認識，最後僅依違反《國家安全法》輕判十四個月，是近年來軍階最高的共諜。

柯政盛為海軍官校五十五年班畢業，曾任海軍官校總隊長、三軍大學戰爭學院主任教官等職。一九九三年一月晉升少將，一九九五年五月任海軍水雷艦隊長，歷任參謀本部作戰參謀次長室助理次長、海軍總部督察長、海軍艦隊副司令，二〇〇〇年一月晉升中將，任國防大學軍事學院海軍學部主任，二〇〇一年六月擔任海軍教準部司令，二〇〇三年退伍。

擁有澳洲籍的臺商沈秉康，在一九八三年間前往中國，協調其公司遭裁罰事宜，因而認識中國總政治部聯絡部局長與上海第七辦公室主任等高階將領。

「邀出國」是共諜的慣用招式，背後必有玄機

一九九八年間，中國得知沈秉康熟識柯政盛，遂透過沈秉康於一九九八年五月、二〇〇一年十二月、二〇〇六年七月、二〇〇七年四月數度安排柯政盛及其家人前往澳洲、北京、澳門旅遊，並與上海市第七辦公室主任、解放軍總政治部聯絡部等現役軍官見面，柯政盛也允諾會幫中國介紹海軍將領。

於是二〇〇八年十一月、二〇一〇年二月，中國請柯政盛招待海軍新兵訓練中心指揮官徐姓上校（後升為少將）夫婦前往澳洲，與中國官員會晤，但徐並不知對方身分，未遭到吸收。

柯政盛復於二〇一一年二月，安排沈秉康與海軍教準部副指揮官周姓少將會

面，並支付十萬元請周氏夫婦前往澳洲。周氏夫婦於二〇一二年十一月前往澳洲後也與中國官員會面，但周氏夫婦同樣不知對方身分，未遭到吸收。最高法院在二〇一五年三月十六日依違反《國家安全法》，分別輕判柯政盛一年二個月、沈秉康一年定讞。

而這起共諜案，還同時與另一起海軍所涉及的共諜案互相牽涉。國防部參謀本部飛彈司令部上尉盧俊均於二〇〇五年五月退役後，前往中國經商，遭到廈門市第五辦公室吸收。盧俊均於二〇〇九年五月邀約於同年一月自海軍一四六艦隊上尉退役的錢經國，前往印尼峇里島旅遊，隨即遭福建省第五辦公室主任吸收。

遭鎖定的對象　各有不同系統來滲透

錢經國在二〇一〇年三月，介紹盧俊均認識海軍大氣海洋局中校政戰處長張祉鑫，並於二〇一〇年五月安排張祉鑫前往菲律賓宿霧去旅遊，結識了福建省第五辦公室與廈門市第五辦公室官員，張祉鑫當場表明自己的現役身分。

之後，張祉鑫在二〇一〇年十二月安排海軍新訓中心副大隊長蔡姓少校、海軍料配件總庫政戰官劉姓上尉，前往馬來西亞旅遊並結識中國官員。

錢經國與張祉鑫再於二〇一一年九月邀約海軍一五一艦隊訓練官楊姓少校、海軍陸戰隊分隊長楓姓士官長前往菲律賓長灘島旅遊。張祉鑫也嘗試邀請海軍司令部戰備訓練處訓練官汪姓中校、海軍海蛟大隊輔導長王姓上尉出國旅遊，但均遭到拒絕。

張祉鑫更於二〇一一年八月填寫加入中國共產黨志願書，交予錢經國，轉交給廈門市第五辦公室。廈門市第五辦公室遂於二〇一一年十一月，要求錢經國提供海軍現役高階軍官的資料，張祉鑫因此蒐集海軍副司令、副督察長等八名中將及少將的電話，準備交予錢經國時，遭到調查局截獲。而前述的徐姓少將，也曾是錢經國意圖吸收的對象。

徐姓少將於二〇一一年九月婉拒錢經國邀約後，因此，錢經國改邀徐妻出國。最後，張祉鑫依「幫助敵人從事間諜活動罪」遭最高法院判刑十五年定讞。錢經國則依違反《國家機密保護法》遭判刑三年、違反《國家安全法》，遭判刑十個月。盧俊均則依違反《國家安全法》，遭判刑十個月、緩刑三年。

過不了美人關

雖然說，前海軍中將柯政盛是近年軍階最高的共諜，但就對臺灣的國安危害而言，陸軍司令部通信電子資訊處少將處長羅賢哲，遭中國色誘成為共諜，並於任內洩漏數位資訊整合指揮作戰系統的「博勝案」——臺灣與美方共享的情資，損害是難以估計。

羅賢哲出身軍人世家，追隨父兄的腳步從軍，陸軍官校五十一期通信科畢業，長期從事通訊、資電任務。二〇〇〇年升任七十三資電群上校指揮官，二〇〇三年派駐泰國擔任軍事協調組上校組長，二〇〇五年返臺後，歷任國防部情報參謀次長室國際情報處上校副處長、國防部參謀本部通信電子資訊參謀次長室通資電資源管理處上校處長，並於二〇〇八年升任陸軍司令部通資處少將處長。

弱點遭掌握，羅賢哲愈陷愈深

根據軍事檢察官調查，羅賢哲赴泰後，常在當地出入不當場所，進行性交易，遭到中國特務拍下完整過程。羅賢哲擔心爆發後，會影響個人名聲及軍職的發展，同意為中國從事情報蒐集的間諜工作，直接與中國泰國大使館少將武官林義舜對等機構。

中國為了要順利自羅賢哲手中取得更核心的情報，還餵食中國在泰國與其他東南亞國家的活動情形等相關資訊，以供羅賢哲回報立功。羅也因駐泰期間表現出色，回國後就升任情報參謀次長室副處長要職。

由於中國定期派人前往泰國等待羅賢哲的電話，雙方完成聯繫後，再趁羅賢哲出國洽公時交付情報。但美國佈建在東南亞的情報網，早就掌握羅賢哲的相關通聯。因此，在羅賢哲二〇一〇年赴美開會時，隨遭聯邦調查局約談。但羅在回國後對國防部謊稱，自己在美國遭到黑幫綁架。

羅賢哲淪共諜，美國通報臺灣查處

美國也向臺灣國安局通報，羅賢哲已遭中國吸收的消息，才由調查局展開全面調查。高等軍事法院檢察署在掌握相關事證後於二〇一一年一月搜索羅賢哲辦公室，並將其拘提到案，發現羅賢哲私藏博勝案、陸區案、安捷案等多項機密文件，還有陸軍在全臺埋設的光纖通信網路分布圖。

經偵查後發現，羅賢哲在七年間五度交付臺灣的軍事機密給中國，每次換得十萬到二十萬元不等的酬勞。按《陸海空軍刑法》，為敵人從事間諜活動罪為死刑或無期徒刑，因此，羅賢哲在二〇一一年四月二十六日獲判無期徒刑定讞。

由於羅賢哲歷任的通資次長室資管處涉及三軍通資電的建軍與政策指導，部分裝備還是中科院自製，無法自國際市場購得，均為中國的重點情蒐目標，因此在破獲羅賢哲共諜案後，國軍立即更改通資系統的參數與密碼，讓損害降至最低。

洩密情節重大，臺、美高度關注

國防部事後還為此懲處一級上將二人，二級上將八人、中將十八人、少將十六人、上校二十五人、中校十四人、少校四人，共八十七人，創下單一案件懲處人數最高的紀錄。

美國《華盛頓郵報》在二〇一一年九月二十八日更大篇幅報導此案，憂心美方的高科技可能因此落入中國情報單位，而且出身軍人世家的羅賢哲，過去漢賊不兩立的觀念是否因兩岸關係熱絡而困惑，轉變效忠對象？因為羅賢哲胞兄羅賢聖就在受訪時聲稱，羅賢哲不認為中共是臺灣的敵人，臺灣的官方更急於暗示，羅賢哲叛變純粹為了錢與性，並非出自支持中國。

美國《國防新聞週刊》也在二〇一四年十月以〈中國現今在臺間諜活動猖獗〉為題，報導中指出「陸續有多位軍官將 **E-2K** 鷹眼早期預警機、愛國者三型先進飛彈系統、愛國者二型反飛彈系統、鷹式（Hawk）防空飛彈系統、**Palm IR-500** 紅外線感應攝影系統等軍備資訊賣給中國；而最具殺傷力的就是將臺灣的保密法、信號情報能力與美方共享情資，提供給中國的羅賢哲」。

來臺發展最大共諜網

不同於其他的共諜案——由中國吸收臺商、退役軍人在臺的行動，解放軍前中校鎮小江假借香港人士來臺經商為名，直接在臺多線發展組織，鋪成臺灣最大的共諜網，也是首位在臺被逮捕的中籍共諜。

解放軍上尉退役的鎮小江是廈門人，為了對臺情報工作之需，在廈門與香港開設旅行社，也買賣金門高粱酒，並於二〇〇五年取得香港居民身分。鎮小江自二〇〇七年起，以香港籍的身分來臺發展組織，前後在臺灣佈建多線共諜網。

佈線逾十年，鎮小江共諜網深入軍中

鎮小江共諜網中，層級最高的是少將退伍的許乃權。陸軍官校四十八期畢業的許乃權，曾任成功嶺少將旅長、馬防部北竿部隊指揮官，二〇〇七年獲金門縣長李炷烽延攬，擔任金門縣社會局長。

期間，鎮小江透過飲宴、招待出國旅遊等方式吸收許乃權。許乃權再介紹仍在軍中服務的簡姓、徐姓人士前往東南亞、韓國、日本等國旅遊，與中國官員在國外以餐敘的方式見面，再刺探我方軍資。

陸軍少校退伍的楊榮華，遭鎮小江吸收後，曾試圖安排現役將領出國與鎮小江見面，但並未成功。

空軍中校退伍的劉其儒，在二〇〇六年前往中國經商時被鎮小江吸收，劉其儒再招待空軍官校的學長、學弟，包括退役飛官周自立、空軍官校飛訓部前上校副指揮官葛季賢、空軍官校飛訓部中校副主任樓文卿等人，前往菲律賓、越南及泰國旅遊，於餐敘中多方刺探我方情資。

滯中未歸的劉其儒，最後甚至跳過鎮小江，直接向編制在中國國務院底下的秘密對臺辦公室交付情資。

老鼠會模式，支線十餘條

周自立遭到劉其儒吸收後，利用其曾任空軍官校教官的人脈，吸收退役飛官馬伯樂、宋嘉祿等人，刺探幻象2000戰機、漢光演習、新竹樂山雷達站等情資，還以「可安排轉任中國民航駕駛」等誘因，吸引退役飛官。

除了現役及退役軍人以外，鎮小江也吸收高雄酒吧業者李寰宇及其女性友人朱倩瑩，利用酒吧與朱倩瑩熟識的軍官見面。不過，在進一步安排出國見面時，因故而無法成行。

全案牽涉超過十人，臺北地檢署於二〇一四年九月趁鎮小江入境後啟動偵查──五波搜索、約談行動，每每引發社會高度的關注。鎮小江最後依違反《國家安全法》獲判有期徒刑四年定讞，並於二〇一八年七月刑滿出獄遭我驅逐出境。許乃權則獲判二年十個月定讞，已於二〇一七年九月刑滿出獄。

其他包括周自立、宋嘉祿、馬伯樂、楊榮華、李寰宇、朱倩瑩等六人，均因犯案後態度良好、深具悔意等理由，獲判緩刑。案發後就從未返臺的劉其儒，則由臺北地院發布通緝。

葛季賢、樓文卿因涉嫌洩漏軍事機密，遭臺北地檢署依違反《陸海空軍刑法》洩漏軍事機密罪，予以起訴。

國會助理也是共諜熱點

不只現役、退役軍情人員、公職人員，容易因接觸國家機密而遭共諜鎖定，同樣也會接觸到政策、機密的國會助理，因人際關係廣闊，身分不具任何敏感性，更是共諜的目標。

曾任國會助理的傅男，在二〇〇二年前往中國廣州就讀暨南大學時，結識廣東省委臺辦的吳姓科長，傅男再介紹吳姓科長給友人李女認識。

吳姓科長指示傅男，利用其曾任國會助理的人脈，引介國會助理或民意代表前往中國報考暨南大學，或以招待觀光的方式，引介退役、現役軍官、涉密人員前往中國、澳門、香港、泰國、韓國等地，安排與中方人員接觸。

利用招生，掩飾共諜身分

傅男因而擔任暨南大學校友會秘書長，並任命李女為執行長，同時也取得暨南大學的授權，得以在臺辦理招生。為了獲取更好的招生效果，傅男還安排暨南大學副校長以教育交流名義來臺，前往新北市各高中（職）宣傳。

傅男另與未立案的基督崇德學院鍾姓主任合作，以每案三萬至四萬元的酬勞，偽造學分及畢業證書，讓不符報考資格者取得報考中國暨大研究所的資格。

兩人則向每位報考者收取每案五萬元至六十五萬七千元不等的顧問或公關費，合計仲介十七人前往就讀，共收二百九十八萬二千元。

傅男與李女就在二〇〇五年到二〇一六年十一月間，透過與國會長期累積的人際網絡，大量接觸相關人員。

國會助理人面廣闊，是共諜絕佳保護傘

例如長期在國防委員會的某前國民黨立委，其助理就在任職期間蒐集國防部、

外交部的美臺軍事工業會議資料，不過該助理最後僅交付網路上的公開資訊，未涉機密，終獲不起訴處分。

傅男透過掌握現役軍官陪同立委出國考察的機會，直接安排中方人員在行程中的高爾夫球場出現，或趁飲宴時介紹中方人員彼此認識。

李女則是獲悉有軍官要前往泰國旅遊，遂找丈夫同遊，並請中方人員偽裝成當地商人，設法吸收該名軍官。

所幸，所有被接觸的相關人員都維持了高度警覺，回國後隨即上報此事，得以查獲這個「透過學歷仲介」掩護的共諜組織。

第三卷

商場更是戰場

臺灣淪為中國的「禁運宅急便」

國際社會為了阻止伊朗、北韓等特定國家發展核武或毀滅性武器，嚴格管制其獲得戰略性高科技貨品（SHTC），不過這些所謂的「流氓國家」，往往也是中國盟友——擁有高科技工業基礎，且非國際社會看管的「臺灣」。

臺灣過去常被中國利用，將機敏物資轉口至管制國家。

全世界對於戰略性高科技貨品的出口管制，主要依據「歐盟軍商兩用貨品及技術出口管制清單」、「歐盟一般軍用貨品清單」及「輸往北韓及伊朗敏感性貨品清單」，該清單將管制品劃為十大類，分別是核能物質、材料、材料加工程序、電子、電腦、電信、感應器及雷射、導航及航空電子、海事、航太與推進系統，每類再依性質與功能細分成五小類，分別是系統、測試、材料、軟體、技術。

受管制戰略性高科技貨品，馬政府任內輸中量暴增

該清單是履行《瓦聖那協定》、《飛彈技術管制協議》、《核子供應國集團》、《澳洲集團》與《禁止化學武器公約》等國際公約所訂定的內容。

經濟部據此訂定「戰略性高科技貨品種類、特定戰略性高科技貨品種類及輸出管制地區」，只要是上述清單內的管制品，或是最終用途能用於生產、發展核子、生化、飛彈等軍事武器用途的貨品，全管制輸往伊朗、伊拉克、北韓、古巴、蘇丹、敘利亞、中國，但已在二〇一二年修正，把限制輸往中國的戰略性高科技貨品大幅限縮在十二類半導體晶圓製造設備，而解除其他戰略性高科技貨品之管制。

據國貿局統計，國內申請輸往中國的准件數在馬英九執政後大幅暴增。從二〇〇六年的二千二百四十八件、二〇〇七年二千二百七十三件，在二〇〇八年

增至三千六百八十二件、二〇〇九年四千八百三十三件、二〇一〇年五千一百四十七件、二〇一一年五千三百一十六件、二〇一二年三千一百八十八件。

未經許可出口敏感物資到中國的案例，則因二〇一二年降低管制，而從二〇一一年的三件，倍增至二〇一二年的七件。且多為精密的CNC電腦化數值控制分度盤、車床，中國是否再輸往北韓、伊朗？則難以追查。

最為驚悚的案例是位於中國上海的銳邁機械，在二〇〇九年一月二十四日透過網路下單，向瑞士英福康公司的臺灣代理商漢彊科技，訂購一百零八個壓力轉換器。該設備能用於離心機，大量生產濃縮鈾，全球的主要供應商就是英福康與美國麻州的萬機儀器公司。

臺灣業者受牽累，耗時多年才恢復

漢彊科技在二月六日收到頭期款後，向英福康下單。銳邁機械隨後重開訂單，把金額從十一萬二千三百零三點七二美元提高到十四萬五千八百美元，並要求將轉換器運到伊朗德黑蘭機場，而非原本的上海。銳邁機械於二月十八日再致函給漢彊科技，說明「法律禁止從中國運送這類壓力轉換器到伊朗」，並保證這批壓力轉換器不會用於伊朗的核子工業。而這批轉換器在二〇〇九年三月九日運抵臺灣後，隨即被空運到伊朗。

不知情的英福康則因訂購量龐大，在出貨前曾經向瑞士國家經濟事務秘書處報備，進而引發國際社會的追查。

美國科學暨國際安全研究所在二〇一〇年二月揭露此事，直指伊朗政府透過臺灣與中國的特殊關聯，規避國際制裁；而伊朗在此之前，十度嘗試購得壓力轉換器，有九次遭到歐洲各國政府所擋。

美國商務部工業及安全局顧問及 AIT 經濟組也為此在二〇〇九年七月二十一日拜會經濟部次長林聖忠，要求經濟部提供「EXBS 美國出口管制及相關邊境安全計畫」在臺灣的執行情況，也希望臺灣加強出口管制的工作，協助防堵大規模毀滅性武器的擴散。

漢彊科技事後遭受國內外各重要管制機構的調查，整整耗時三年，才在二〇一一年五月重新獲得國際原子能總署（IAEA）的認可。

千方百計就要來偷「關鍵技術」

美中貿易戰最核心的問題，就是「中國長期竊取美國的高科技智慧財產權」。不只是美國，其實臺灣就是中國商業間諜大行其道的樂土，受害產業擴及半導體、面板、通訊網路、LED照明、生技、太陽能、石化、傳產；包括台積電、聯發科、華亞科、南亞科、聯詠、美光臺灣子公司都曾是受災戶。

臺灣靠晶圓代工在世界的科技業占有重要地位。

當年還在台積電、聯電兩雄爭霸的時代，第三大廠世大半導體成為雙雄的併購目標，最後由台積電在兩千年得手，奠定其獨霸基礎。不願屈居在台積電之下的世大半導體創辦人張汝京，索性帶走大批臺灣工程師，前往中國創辦中芯國際，並大量挖角台積電人才，以完全複製台積電的模式，在中國發展晶圓代工業。

晶圓龍頭台積電，也是中國首要的竊密對象

不甘遭受侵權的台積電，直接向中芯提出侵害專利權及營業秘密之訴，歷經多年纏訟，台積電終於在二〇〇九年底獲得最後勝利，獲賠二億美元及百分之十的中芯股權。

此外，在台積電任職十餘年的周姓工程師，長年從事20奈米、10奈米及5奈米的金屬閘極製程，卻於二〇一六年升任技術副理後，被中國上海華力微公司挖角。挖角公司窺知周姓工程師的專長後，承諾部長的職缺。周姓工程師因此在離職前列印十六奈米前段、中段製程流程、十奈米製程機臺產線配置及成本、20奈米產品異常問題等機密文件，交付華力微公司。

另有工作內容與28奈米無關的台積電徐姓工程師，也是在二〇一六年遭到華力微公司挖角，卻在離職前列印28奈米製程文件，準備攜至中國上海華力微公

司。同樣是28奈米製程，另名台積電吳姓工程師在二〇一七年遭到中國無錫華潤上華科技挖角，亦在離職前列印28奈米製程文件，準備攜至新東家。

為了保護關鍵技術不遭竊取，台積電在中國上海松江廠、南京廠均是獨資設廠，聘用臺籍幹部，嚴格控管資訊。臺廠與中廠交換重要關鍵資訊恪守「不落地」措施，要用才傳、用後即刪。但仍難以避免自家人遭到中國挖角而洩密。

只花數百萬元，就能竊取數十億元的核心技術

中國江陰市的江化微公司，為從原料供應商巴斯夫集團手中搶下台積電生意，在二〇一七年起高薪挖角巴斯夫桃園觀音廠林姓退休廠長，再藉此挖角黃姓工程師等五人。

黃姓工程師趁離職前，竊取巴斯夫集團的關鍵技術與製程，自組洋益半導體買賣公司，再以四千萬人民幣轉移給江化微公司。巴斯夫集團遭竊的純化技術，初估價值三十六億元。

中國成都嘉石科技為突破美國高階通訊晶片的技術封鎖，花了八年時間，在

美國矽谷和臺灣桃園佈下綿密的產業間諜網。嘉石科技先在二〇一五年七月找上曾任職聯穎的楊光宇，藉此開出「年薪五倍、簽約金二百萬元」的超優渥條件，向穩懋、聯穎挖角，但必須帶來原公司的晶圓製程與參數，引誘兩公司的張姓、董姓、白姓工程師洩密。兩公司遭竊的損失金額合計高達七十六億元。

中國對臺竊密有多嚴重？《華爾街日報》曾報導，臺灣在二〇一三年的技術盜竊案僅八件，到了二〇一七年激增為二十一件；近期十件科技訴訟案中，就有九件與中國有關。

調查局也統計，從二〇一三年至二〇一九年三月，共移送八十九件涉犯《營業秘密法》案件，其中逾半數屬境外犯罪，罪魁禍首九成為中國廠商。

美國國防部主管亞太安全事務的首席副助理部長海大衛，更於二〇一七年九月出席「臺美關係研討會」時，當場質疑臺灣是否有能力保護美國轉移的敏感科技？海大衛提醒，如促成美臺私人企業間的夥伴合作關係，需要有新的規範機制，以防敏感科技不當轉移。

華聚推動兩岸共同標準

美中貿易戰的一大重點，就是美國要阻止中國以量取勝，挾龐大的市場、廉價的生產能量，藉盜取的技術發展「中國製造 2025 政策」，取得主導全球市場的影響力。

然而，由江丙坤在二〇〇五年創立的「華聚產業共同標準推動基金會」，卻帶著臺灣主要科技業負責人，長期與中國洽談如何建立共同標準。

二〇〇五年三月，國民黨副主席江丙坤先於國民黨主席連戰訪中前，率團前往中國展開「破冰之旅」。江丙坤此行與中國國臺辦主任陳雲林達成共識，將兩岸「信息產業標準化問題的研究及制定」列為重點合作項目。隨於返臺後邀集臺灣科技業界，採用「華人」和「聚合」概念，成立「華聚產業共同標準推動基金會」。

臺灣各大科技業　幾乎都是華聚成員

華聚董事長由江丙坤擔任，副董事長為金仁寶集團許勝雄、英業達集團葉國一擔任。董事會成員包括廣達集團林百里、力晶集團黃崇仁、中環集團翁明顯、華邦電子焦佑鈞、華碩科技施崇棠、華晶科技徐善可、台達電集團鄭崇華、鴻海集團呂芳銘等，幾乎囊括全臺主要科技業負責人。

自二〇〇五年起，華聚與中國電子工業標準化技術協會、中國通信標準化協會合作，共同推動「海峽兩岸信息產業和技術標準論壇」，至少每年舉辦一次，截至二〇一八年底共舉辦了十五屆。在多項領域發布五十九項兩岸共通標準，讓中國得以在美、日、歐盟等先進國家所主導的技術標準之外，利用臺灣的產業、技術、研發實力，獲得自訂標準的能力。

中國主導技術標準，裹脅臺灣力抗美國與歐盟

藉華聚串起兩岸與企業界的人脈，江丙坤在二〇〇八年馬英九擔任總統後，成為出任海基會董事長的不二人選。華聚顧問龐建國也內定出任海基會副秘書長，而龐建國的妻子邱秀珍還是華聚副執行長。華聚與海基會牢不可分的關係，凸顯發展技術規格對中國是多麼核心的利益。

也因此，即便江丙坤承諾會辭去所有兼職——陸續辭去坤基創投董事長、海峽兩岸經貿文化交流協會理事長——唯獨華聚董事長，江丙坤以自認非業界出身，不會有利益糾葛問題決定續任。只有龐建國在第一次「江陳會」後，脫口說出「兩會已達互設辦事處的共識」，因而錯失海基會副秘書長職位。

然而，馬政府已決定積極參與「兩岸標準論壇」，賦予官方地位，甚至一口氣提升到副部長層級的會議，在二〇〇九年二月於中國重慶舉辦的「第五屆兩岸標準論壇」派出經濟部次長施顏祥與會。

因此，為了避免繼續成為在野黨的箭靶，江丙坤總算在二〇〇八年十二月不再接受接受慰留，正式請辭華聚董事長，而讓江丙坤的舊屬、前經濟部長陳瑞

隆接任華聚董事長，率同經濟部次長出席「兩岸標準論壇」。

二〇〇九年十二月於臺中舉辦的第四次「江陳會」，就簽署了「兩岸標準計量檢驗認證合作協議」。

華聚挺華為，臺灣要奉陪？

江丙坤在完成簽署後，沾沾自喜地表示：「中國正在建立產業標準，進而成為國家標準，若臺灣能參與中國的標準委員會，就能讓臺灣的專利成為中國標準；就是因為過去工研院的身分太敏感，不利接觸，才成立華聚這個平台。」

經濟部標檢局還露骨表明，臺灣領先的技術結合中國廣大市場，就能引導國際標準。馬政府選定LED、太陽能光電、車載資通訊、平面顯示器作為優先推動共同標準的項目。

華聚因此在馬政府的全力支持下，緊鑼密鼓地透過「兩岸標準論壇」與中國共推各項標準。即便民進黨二〇一六年執政後，政府不再推派代表出席「兩岸標準論壇」，華聚仍緊緊鎖定5G，促成臺灣業者提供技術支援，協助華為主導

5G 標準規格。

在臺灣科技業的敏感科技不斷遭中國竊取的同時，華聚還拚命要把臺灣的科技業拉向中國，無疑會阻礙臺灣與先進國家的合作契機。

賣鹽酥雞，還是賣情報？

中國對臺的滲透，不是大家想像得到的「一定只是鎖定在軍情公務員、或是退休人員」，因為連不起眼的販夫走卒，也可能是中國滲透的目標。過去那句「小心匪諜就在你身邊」，就被中國落實了。

來自嘉義的龔姓男子，二〇一一年前往中國經商，販售面膜及伴手禮，二〇一五年改在中國黑龍江大慶的「太平洋時尚城」經營鹽酥雞、大腸包小腸等小吃。

賣鹽酥雞的，中國也要吸收

當時，龔男只不過是前往南京仙林大學城參加「臺灣美食展」，就被南京國安局的路姓官員吸收。路員提供臺灣退役空軍蔡姓上尉、現役江姓二等士官長的背景資料，要龔男返臺時進行接觸。

龔男於是在二〇一五年十二月返臺時，邀約蔡男餐敘，表明正替中國情報單位蒐集法輪功、空軍嘉義基地 F-16 戰機相關資料，並以每年二萬美元的代價，利誘蔡男提供，但被蔡姓上尉所拒。

龔男再於二〇一六年六月返臺期間，向江姓士官長索取嘉義基地設施、F-16 戰機資料及公文，要江姓士官長拍攝後透過通訊軟體傳遞，再依資料價值給予報酬，但也未獲江姓士官長回應。

飯局、出國、高額酬勞，共諜最基本的起手式

另有位自二〇〇七年前往中國經商的何姓男子，在中國天津被天津國安局孫

東、張樹軍等人吸收，返臺收集及刺探公務機密。

何男因此於二〇〇八年十二月到二〇一〇年二月間，十一次在天母的啤酒屋、西餐廳及咖啡館，邀約任職於國安局的趙姓同窗見面。何男宣稱，中國出資讓他一年返臺四次，就是要爭取趙的合作合同；只要趙能出國與中國官員當面會談，每次會有二萬美元的見面禮，若答應合作，酬勞將是退休金的三、四倍。

何男希望趙能提供藏獨、法輪功、臺灣對日政策、秘密外交、國安局海外佈建人員名單、國安局通訊衛星路由等機密。在不堪其擾下，趙只好向國安單位檢舉。

而前國安局特勤中心少校王鴻儒退伍後，前往中國經商結識何男後，也被天津國安局孫東以協助經商順利、提供高額工作費所吸收。

何男與王鴻儒返臺時，多次邀約王鴻儒的同袍、憲兵司令部曾姓中校情報官，以邀請曾姓中校全家前往新加坡遊玩並提供數倍退休金的酬勞，利誘曾姓中校變節，也遭曾姓情報官拒絕，並向上舉報。

在嘉義經營咖啡、菸酒等生意的劉姓男子，二〇一五年前往中國做生意時，遭到中國福建國安廳人員的吸收，希望劉男介紹現役軍官見面並加入共產黨。

劉男回臺後，吸收林姓男子成為助手。林男於二〇一五年三月約見小學同學、現職於海軍少校的陳姓男子，以「加入共產黨就有五十萬至一百萬元酬勞」予以利誘之，但遭到陳姓少校的回絕。

林男在透過蔡姓小學同學接觸剛退伍的楊姓輔導長，由蔡男在二〇一五年引介楊男出國會見中國官員，也遭到楊姓輔導長一口回絕。

包括龔男、何男、劉男，原都是與軍情無關的臺商，但在中國抱著一網打盡的心態，全都被吸收成為共諜，也都循線接觸到現役的軍官。即使手法笨拙，隨都遭拒而被破獲，顯見中國對臺灣的滲透，已到無所不用其極的程度。

臺商被迫成為「中國先遣團」

臺灣有百萬臺商在中國工作、生活，投注大量的身家性命給中國，而這批臺商就淪為中國的最佳肉票——選舉時遭受中國動員捐款及投票支持傾中的政黨，平時還要表態支持中國欺壓、滲透臺灣的政策——稍有違逆中國的大方向，馬上就會被「懲處」。

歷經十幾年的發展，臺商在二〇〇〇年代遍布中國，為了便於利用臺商及實質干預臺灣內政，中國在二〇〇七年四月成立「全國臺灣同胞投資企業聯誼會」（簡稱臺企聯），凌駕於散布在全中國的上百個臺商協會，接受中國國臺辦的指揮。

「國臺辦」藉「臺企聯」指揮全中國的「臺商會」

表面上，臺企聯的會長都是臺商，但由國臺辦主任擔任榮譽會長。八位副會長中，至少兩位須為國臺辦官員。兩位總顧問分由國臺辦副主任、海協會副會長擔任，十餘位顧問皆是中國官員。實際負責業務的秘書長，更只能讓國臺辦官員擔任。就像二戰期間的南京國民政府或滿州國，看似由中國人、滿州人掌權，實際卻由日本人操控一切。

臺企聯在臺灣大選期間是中共最佳的動員工具。甫成立不久就遇到二〇〇八年大選，臺企聯就在二〇〇八年二月公告優惠機票，優惠期間均與三月二十二日的投票日連結。

二〇〇八年二月，臺企聯在臺北舉行新春餐會，邀請國民黨副總統候選人蕭萬長、黨主席吳伯雄、副主席江丙坤及多位國民黨立委出席。臺企聯總會長張漢文當場強調，要讓返臺投票的臺商人數「衝破二十五萬人」。蕭萬長則承諾拿到執政權後，臺商想要的「都能得到」。

動員出錢助選，是臺商的必要負擔

二〇一〇年底的直轄市長選戰，臺企聯首度於同年九月在中國當地組織「五都選舉大陸臺商後援總會」，並且無視凡那比颱風給南臺灣造成的嚴重災情，照樣返臺舉辦造勢晚會，替國民黨的五位直轄市長候選人拉抬聲勢。

已卸任總會長的張漢文又表示，捐出一千萬元協助國民黨救災。受邀出席的副總統蕭萬長也與臺商共同宣傳ECFA。

接著，面對二〇一二大選，臺企聯串連各地臺商協會擴大輔選動員，替馬英九政府護盤。時任臺企聯的總會長郭山輝明示，二〇一一年的主要工作就是為二〇一二年大選做好服務性工作，協助廣大臺商回臺投票。

後來隨著選戰增溫，中國官方開始動員各地臺商會，下令臺商提供政治獻金支持國民黨，並於二〇一一年十月底開始對臺商開出具體的獻金額度。各地臺商協會會長的額度高於一般臺商，臺企聯的額度又高於臺商協會會長。

進入選舉日的二〇一二年一月，國臺辦直接對各臺商協會、大型臺企發出動員令。其中手法包括要求臺商調整假期，讓臺商可以返臺，並將返臺投票人數列為對臺商的考核事項，同時要求航空公司配合增班、降價，最多降至原票價的四成。為確保返臺者都能投給馬英九，蘇州臺辦要求臺商「只有馬英九當選，公司才補助機票」，若蔡英文當選則不予補助。

二〇一四年大選前，民進黨立委陳其邁請助理佯裝成臺商，打電話給中國廣東珠海市臺商協會，詢問機票優惠問題。對方明確要求票應投給國民黨，只要在選前指定時間返臺，都可憑機票和臺胞證向臺商協會報帳，一律補助五百元人民幣。

為了幫國民黨助選，中國甚至要求臺商在上海世博館設立大型看板，支持國民黨的臺北市長候選人連勝文、臺中市長候選人胡志強。

背書中國政策，也是臺商的義務

臺商除了負責提供資金、輔選之外，還要幫中國政策背書。中國在二〇一八年一月片面啟用 M503 航線，衝擊臺灣國安，蔡英文政府因此不予核准中國東方及廈門航空合計176班春節加班機。

中國立即操控臺企聯串聯臺商反制，邀集四十四名臺商會長連署，批判蔡英文政府。不過這四十四人，僅四人住在受影響的八個航點附近。

臺商除了要配合中國官媒「做新聞」，臺企聯會長王屏生也返臺不斷與國民黨智庫召開座談會，抨擊蔡英文政府。

曾任漳州臺商協會榮譽會長的李榮福，只不過在二〇一八年二月出席海基會的春節聯誼活動時，受訪表達「支持蔡英文總統及政府 M503 航路政策」，隨即遭漳州臺商協會除名，甚至兩度要求要在臺灣報紙刊登廣告道歉，表明個人反臺獨、支持「九二共識」之立場。

何以中國可以牢牢掌控臺商？

中國證券及期貨事務監察委員會在二〇一八年六月公布「上市公司治理準則草案」，要求上市公司須設立共產黨組織。中國共產黨進一步在二〇一八年十二月頒布「中國共產黨支部工作條例」，要求所有企業、社會組織、學校等基層組織設立「黨支部」。

不過中華民國全國商業總會理事長賴正鎰當時就坦言，大型臺商早設有黨支部，目的是找人幫忙排解疑難雜症。中國官媒《新華網》曾報導，富士康科技集團的黨委成立於二〇〇一年十二月，截至二〇一七年九月已於中國各園區建立十六個黨委、二百二十九個黨總支、一千零三十個黨支部，黨員更多達三萬餘人。

第四卷

文教學術才不單純

國家重要人才，馬上變中國的

「共諜」不僅是刻板印象中針對軍事、情報機密的人而已，連優秀的學術人才也是中國的滲透對象。中國在二〇〇八年展開「千人計畫」（海外高層次人才引進計劃），透過優厚待遇，以「國家特聘專家」頭銜，於五年到十年之間，在重點創新、學科、實驗室等領域引進專業人才。

不過，美國聯邦調查局已認定該計畫涉及中國軍方。二〇一八年間，美國聯邦調查局大幅調查參與「千人計畫」的學者，甚至還以間諜罪名拘捕在美華裔科學家，包括霍普金斯大學醫學院、麻省理工學院等知名學府，也為此停止與中國的學術合作或停招中國學生。

美國衛生研究院、可口可樂集團也相繼證實有機敏資料遭到竊取。

陳錕山秘密潛逃赴中，轉身成為中國公務員

不只是美國，臺灣早就遭到中國鎖定。

最著名的案例，即是中央大學通訊系統研究中心主任陳錕山。二〇一三年八月大搞「失蹤秀」。二〇一四年三月高調獲列第十批「千人計劃」名單，任職中國科學院的遙感科學國家重點實驗室，臺灣政府才驚覺他已「棄職叛逃」。

對於陳錕山違法赴中任職，中國國臺辦在事發後的二〇一四年五月二十八日表示，兩岸各領域開展交流合作和人才流動是很正常的，「不必大驚小怪！」

陳錕山於一九九二年自美返臺後，任職於中央大學太空及遙測研究中心，曾任遙測中心主任，專長為電波傳播散射、微波系統工程、微波遙測通訊、雷達影像處理。二〇〇七年獲頒國際電子及電機工程學會會士，是臺灣首位在遙測領域入選者。他也長期參與國防部中科院、電展室及國安局的研究計畫，光科技部的研究案就超過百件、總金額高達五點二億元。

為符合「千人計畫」規定的上限「五十五歲」，陳錕山在二〇一三年八月先安排家人前往美國，再持用他國護照入境前往中國，以致校方在開學後發現陳錕山缺課，而應於二〇一三年八月結案的農委會農航所委託案也沒結案，才查知陳錕山已經私赴中國任職。

經手高度機密卻未列涉密人員，叛逃只能罰八萬

儘管國安局、國防部都在案發後口徑一致，且輕描淡寫地宣稱，陳錕山所參與的都是基礎技術研究項目，不涉國安機敏。

不過前海軍新江艦艦長呂禮詩就投書直指，陳錕山專長的合成孔徑雷達技術，可透過海洋風場及洋流的觀測，獲得與風場、洋流不一致的艦隊尾跡，從而獲得海上艦隊的動向，從中篩選出攻船彈道飛彈的攻擊目標，甚至能與水動力學的研究結果相互比對，偵查潛艦動向，改善中國的反潛能力——國軍最先進的沱江艦匿蹤效果，恐怕也會因為陳錕山投共而大受影響。

誇張的是，因為臺灣國內所有單位均稱，未將陳錕山核列為涉密人員，馬政

府最後僅以十職等以上公務員未經許可赴中四次，共開罰八萬元。

除了陳錕山，至少還有中研院環境變遷研究中心研究員高樹基、中研院院士吳仲義、臺大電機系教授莊晴光等多位高階人才被中國「千人計畫」延攬，但因研究領域不若陳錕山機敏，而未引發重視。

馬英九的「南海謀士」也是中國隊

臺灣有高階將領、重量級學者帶著國家機密投靠中國，這並不稀奇。但如果是任職於中國官方機構的學者，反而成為臺灣政府的重要謀士呢？

馬政府最倚重的南海學者，劉復國、宋燕輝等人，不但均為中國南海研究院的特聘研究員，甚至曾鼓吹「兩岸要共同維護一中領土，在南海建立軍事、政治合作」等言論。

中國為強化對南海主權的宣示，二〇〇四年將設立在海南海口市的「海南南海研究中心」升格為「南海研究院」，成為中國唯一專門從事南海問題研究的智庫。且自二〇一一年起發表的《南海地區形勢評估報告》，均邀劉復國共同參與，刻意營造兩岸基於「一中原則」，合作聲索南海主權的表象。

劉復國、宋燕輝列中國要職，主張兩岸「共同維護一個中國」

民進黨立委蕭美琴在二〇一四年五月、中央大學通訊系統研究中心主任陳錕山棄職投共後，進一步揭露包括飛安會副主委高聖惕、中研院歐美所研究員宋燕輝、政大國關中心研究員劉復國都是擔任中國南海研究院的特聘研究員。不過三人均辯稱，「這僅為榮譽職，未支領酬勞，就沒有國安問題」，還拿臺灣不是聯合國成員當擋箭牌，宣稱可藉此與區域內學者專家對話，化解歧見。

不過巧合的是，國史館在二〇一四年九月舉辦「中華民國南疆史料特展」，與劉復國關係密切的中國南海研究院院長吳士存也受邀出席開幕式，格外引人遐想。

民進黨立委陳其邁也在二〇一五年揭露，劉復國參與發表的《南海地區形勢評估報告》就鼓吹兩岸要一起維護「一個中國」，在南海建立軍事、政治合作。劉復國甚至主張，將高雄市政府治理的東沙、太平島與中國新設的三沙市，由兩岸地方政府協調合作治理。且劉復國還是馬政府任內代表我方出席「香格里拉對話」論壇的學者。

陸委會則在二〇一四年以委辦費三十八萬元，委託宋燕輝進行「南海爭端之發展對兩岸關係之影響」政策研究，力倡兩岸於「一中架構」下，在南海進行政治、資源開採、衝突解決合作，甚至以美方介入為假設，擬出聯合中國、制衡美國的政策藍本。

未獲重用，馬上加入中國隊

而馬英九在卸任前的二〇一六年一月二十八日，大陣仗率團訪視太平島。外交部長林永樂也提前於一月二十三日率陸委會主委夏立言、環保署長魏國彥及宋燕輝等人登島考察。

宋燕輝因而以南海專家的身分，在二〇一六年七月十四日的「南海仲裁案座談會」，當場誇稱馬英九手上的市售礦泉水是「來自太平島的太平水」，噱頭十足。

在蔡英文於二〇一六年擔任總統後，不再受重用的劉復國、宋燕輝兩人於二〇一七年七月，在美國美中關係全國委員會與中國南海研究院合辦的「美中海上問題與國際法對話」會議竟名列中國代表，重申兩岸應該在南海議題合作的立場。

不過，陸委會隨即大動作反駁，「兩岸在南海主權無合作空間，尊重學者以個人身分參與學術探討，但相關作為仍應注意社會觀感」。

徹底被中國養、套、殺的東亞青運

僅有東亞八國（含香港、澳門）參與的東亞青運（前身是東亞運），中國剛好掌握半數的會員，乃至於中國同意讓臺中市舉辦首屆東亞青運的過程——到賽前一年突然決議取消，完全取決於中國想如何左右臺灣的選舉，這是最標準的「養、套、殺」手法。

東亞運動會總會創設於一九九一年，共有日本、臺灣、中國、香港、澳門、南韓、北韓、蒙古等八國會員。自一九九三年起，每四年舉辦一次，並原訂於二〇一一年要決定二〇一七年第七屆的主辦權。

由於八個會員國，僅臺灣、北韓、蒙古尚未主辦過，加上兩岸關係在馬英九二〇〇八年執政後不斷升溫，包括臺中市、桃園縣等國民黨執政縣市均表態爭取。馬政府則於二〇一一年初，同意由臺中市爭取主辦。

胡志強爭取東亞運，中國表示要等「選後再說」

臺中市長胡志強因而在二〇一一年七月出國尋求支持。首站就是前往掌握半數會員席次的中國，分別拜會國臺辦主任王毅、中國政協主席賈慶林、中國體育總局長兼奧會主席劉鵬。不過，劉鵬表示，二〇一七年東亞運的申辦運作機制要延至二〇一二年。

當外界質疑，這是否代表中國要等馬英九於二〇一二年連任總統後，才要給臺中舉辦？雖然胡志強否認中國官方有這樣表示過，但臺中市教育局長賴清標則坦言，「我方確實有這樣的感覺」。

不過在二〇一二年十月舉辦的 EAGA 理事會中並未列入二〇一七年東亞運的申辦作業，反而是日、韓等國認為，運動賽會的重疊性太高，會讓主力運動員疲於奔命，而將「東亞運未來走向」列入臨時動議，最後在二〇一三年五月的

EAGA 理事會決議，停辦二〇一七年東亞運，並於二〇一九年轉型為「東亞青年運動會」，參賽年齡限於十四歲到十八歲間。

EAGA 也因此在二〇一六年改名為「東亞奧林匹克委員會（EAOC）」。

東亞運降格為東亞青運，中國要杭州退出

儘管賽事層級大為降格，胡志強仍決定爭取由臺中主辦首屆東亞青運。他還在國臺辦主任張志軍於二〇一四年六月首度訪臺期間，安排張志軍參訪臺中惠明盲校，並把握短暫的閉門會議，懇請中國支持臺中的主辦權。

果然，二〇一四年十月的 EAGA 理事會，原有意申辦的杭州刻意未提申辦簡報，而由臺中擊敗蒙古烏蘭巴托，在二〇一九年主辦首屆的東亞青運。

只是這個選前一個月的大利多，並不能幫助胡志強成功連任臺中市長。

不滿民進黨執政，中國主導取消東亞青運

林佳龍當選臺中市長後，東亞奧林匹克委員會就消極杯葛，拒絕授權臺中市召開籌辦會議。甚至在賽前一年（二〇一八年七月二十四日）召開臨時理事會，以臺灣舉行東京奧運正名公投為由，主導投票取消臺中的主辦權，藉此影響二〇一八年底的選情，也操弄臺灣運動員的危機感，將「臺灣」、「正名」這些關鍵字貼上負面的標籤。

縱使二〇一八年十一月二十四日的「東奧正名」公投並未通過，並由國民黨的盧秀燕擊敗林佳龍。面對盧秀燕有意爭取恢復東亞青運的主辦權，東亞奧林匹克委員會置之不理，也拒絕國際運動仲裁法庭的調解。

遙控歷史教育，乖乖聽中國的話

臺灣的中學歷史教育在馬政府執政八年間，大幅傾中，還爆發「課綱微調案」，這不只是馬英九本人的意識形態，而是中國積極介入、指導下的產物。

臺灣的歷史教育，在解嚴整整十年後，才於一九九七年推出國中版《認識臺灣》教科書，首度將臺灣歷史、地理獨立成冊，不再是中國史地的附屬品。

高中歷史教育的全面性改革遲至二〇〇三年才啟動，由清大歷史所教授張元擔任召集人，訂定所謂的「95暫綱」，作為九年一貫的銜接課程，預定在二〇〇六年到二〇〇九年間使用，再由「98課綱」接手。

「95暫綱」提出臺灣史、一千五百年以前中國史、世界史的三層架構，不只首度在高中課程將臺灣史獨立成冊，還在「由近及遠」與「詳今略古」的原則下，大幅增加近代史的篇幅。

這樣的改革，自然引發親中派、保守派的強烈不滿。

解放軍下令，馬英九更改教科書

根據中國解放軍總政治部聯絡部副部長辛旗少將，事後在二〇一六年三月二十六日的公開言論指出，他曾於二〇〇八年馬英九當選總統後，向後來擔任國安會秘書長的蘇起、世新大學中文系教授王曉波傳達，「馬英九上任後應更改臺灣教科書，以扭轉臺灣人天然獨的傾向」。

無獨有偶，蘇起也在二〇一〇年五月十六日接受《聯合報》專訪時，坦言兩岸有不能公開的秘密溝通管道。

在這樣的契機下，馬英九在二〇〇八年就任總統後，新任教育部長鄭瑞城立即宣布「原應於二〇〇九年實施的『98課綱』延至二〇一〇年實施，且要重新審定國文與歷史兩科的課綱」，並委由王曉波主導，在二〇一〇年重組歷史課綱小組。

原本臺灣史、中國史、世界史的比例，無論是「95暫綱」或「98課綱」，都是「1:1:2」。王曉波難以撼動臺灣史獨立成冊的基礎，只能透過壓縮世界史來加重中國史，將比重改為「1:2:1」或「1:1.5:1.5」，並在臺灣史中，大量偷渡大中國史觀。

中國期待的課綱，王曉波無力通過

相關的圖謀，經臺大歷史系教授周婉窈揭露後，引發社會一陣譁然，在臺灣社會高度關注之下，臺灣史、中國史、世界史比重最後僅改為「1:1.5:1.5」，也未將臺灣史直接上溯至三國時期，通稱「101課綱」。

功敗垂成的王曉波事後撰文表示，這個課綱是妥協的結果，「站在個人的立場，雖不滿意但還能接受」。

然而，兩岸統合學會理事長張亞中卻在二〇一二年四月，向教育部提出由前行政院長郝柏村領銜的「民眾意見書」，直指課綱不夠親中。教育部長蔣偉寧趁勢找來王曉波、謝大寧、包宗和、朱雲鵬、陳昭瑛、董金裕、潘朝陽、吳連賞、黃麗生、李功勤等十位非臺灣史學者組成「檢核小組」，透過只能修改文字錯誤的「微調」，將臺灣史課綱大修六成。

為確保萬無一失，蔣偉寧還聘用張亞中出任歷史教科書審定委員。張亞中甚至在二〇一二年籌組史記、克毅、北一等三家出版社「編寫符於中國立場」的教科書。

馬政府屈從中國指導，大幅微調課綱

種種作為終於在教育部於二〇一四年強行通過微調課綱後，引爆全面反彈，連高中生都站上抗爭第一線，最後在高職生林冠華自殺後才急踩煞車。

教育部趕緊於二〇一四年八月成立諮詢小組，納入各領域的歷史學者與中學教師，全面檢討微調課綱——小組成員、中研院近史所研究員林滿紅在二〇一五年底坦言，教育部所謂十七項爭議，有十二項直接改回「101課綱」，僅一項支持微調課綱論點。

隨後，因國民黨在二〇一六年大選慘敗，喪失國會多數席次。民進黨占多數的新國會立即撤銷微調課綱。新政府五月二十日就任後，也正式廢止微調課綱，並重組教課程綱要審議委員會，重新審定十二年國教課綱。

新課綱的高中歷史課程部分，定調將中國史從一點五冊縮減為一冊，並撇除中國「天朝」史觀，改為與東亞互動。

不過這樣基於臺灣主體性與專業的歷史課綱，已遭親中派人士強烈反對。已有親中派學者痛斥這是「穢史」，並發起連署，醞釀透過公投，恢復大中國史觀的歷史教育。

中生在校園建構共諜網

二〇一七年爆發的首起中生共諜案，不是現役、退休軍人，也不是臺商，居然牽連多位新黨青年，運作模式與酬勞更是顛覆大家既定的印象，創立中國滲透臺灣的新模式。

來自中國遼寧的周泓旭，曾於二〇〇九年就讀浙江大學時，前來臺灣擔任淡江大學的交換學生，二〇一二年進入政大就讀碩士班，二〇一六年七月畢業後改以「臺灣詠銘國際公司」董事身分再度來臺。

周泓旭吸收外交官失敗，查獲校園共諜網

二〇一四年七月，周泓旭前往上海參與兩岸交流活動時，接受中國共產黨李姓黨務人員的指示，「物色、引介臺灣的現職公務員及具影響力者，出國與李會面」。

周泓旭認定外交部的某年輕資淺官員符合條件，多次邀約、遊說，免費安排赴日本、新加坡自由行，並以每季一萬美元的酬勞利誘那位年輕官員提供機密文件。但遭對方舉報，進而查獲周泓旭共諜案。

同時，周泓旭自二〇一四年五月起，陸續結識新黨青年王炳忠、侯漢廷、林明正等人。二〇一四年十二月，中國國臺辦政黨局副處長崔趙輝、上海市對外聯絡辦公室官員趙超指示四人組成「新中華兒女學會四人核心決策小組」及「星火秘密小組」。

王炳忠負責《燎原新聞網》、林明正負責《新中華兒女學會》、侯漢廷負責《臺大中華復興社》，由周泓旭居中聯繫，對中國彙報成果並由王炳忠統籌運用資金。

中國投入校園共諜網，每年逾千萬元

王炳忠等人以《燎原新聞網》等平台掩護，透過辦活動、經營網路社群，吸收現、退役軍官或學生。國臺辦承諾將連續三年、每年資助王炳忠一千五百萬元至一千六百萬元作為運作網站的費用。

王炳忠曾在手札曾寫下「向父親供奉的神明王爺問事，政黨局今年五百萬，下修三百五十萬」。而周泓旭所編列「新中華兒女學會年度預算」，二〇一七年項目性、常務性、一次性等三項預算總額就是五百萬元人民幣。

周泓旭於「星火小組整體布局與今年規劃」內表明，為達發展組織目的，應爭取讓臺灣軍方人員的思想達成統一戰線，除了採用「挖出來」手法，結合線上交流與線下活動，結交關鍵部門人員外，還要採「打進去」的方式，鼓勵認同者報考軍校。

吸收親中年輕人報考軍校，成為中國暗棋

具體作法包括「線上交流」與「舉辦活動」。「線上交流」透過《燎原新聞網》等平台，吸引同好上網交流，並由侯漢廷負責組織擁有寫作及演講能力的「青年寫手團隊」，生產網站所需的文章，五人固定每週投稿，十名寫手不定期配合。「舉辦活動」則是透過新中華兒女學會主辦「中華講武堂」，舉辦軍武題材活動名義，找來現役軍方人員擔任講師，從中吸收認同者，鼓勵其報考軍校，成為中方潛藏在臺灣軍隊內的暗棋。

在林明正寄給周泓旭的電子郵件中，就有一封夾帶「中華講武堂暨九三製片廠計畫構想書」的檔案，載明「計畫對象」分為在學的高中生及大學生、現任學校教官、退伍後備軍人、對軍事議題有興趣的社會大眾等四類人士。

加臉書、見面都有價碼

根據周泓旭所編列的「新中華兒女學會年度預算」，建議國臺辦每年花十萬

元人民幣執行「紅隊籌備計劃」，透過網站撰文、舉辦活動等方式，在臺吸收、籌建一支「聽黨指揮、戰時管用的紅隊」或「青年打槍隊」，配合短程參訪行程，強化軍事教育與政治意識。

組織成員只要與臺灣相關人士互加臉書好友並定期互動，可得獎金三千元到五千元、見面可得一萬元、私約談心可得五萬元。

林明正因此約見過現役陸軍上校、陸軍砲兵上尉、軍校生以及已退伍的陸軍空騎旅上兵、高空特種勤務上士等。

侯漢廷約見過現役陸軍中尉、海軍陸戰隊少校、陸軍油料庫上尉以及退役的空軍戰機上尉飛行官，並遊說他們不該為臺獨而戰、思考兩岸統一後的出路，包括上述九名現役、退役軍方人士——王炳忠等人已接觸逾九十人。

透過美元、港幣進行地下匯兌，製造金流斷點

王炳忠每月定期赴中，向國臺辦政黨局、上海市對外聯絡辦公室收受美元、港幣，再指示父親王進步的會計曾女進行地下匯兌。

例如，王炳忠在二〇一五年十一月二十五日自上海返臺後，透過網路，傳訊給父親王進步：「建議你拿美國書四萬，老母一點五萬，曾秘二萬，等旭（編按：周泓旭）查好哪個銀行好，隨時前往換。」王進步則於十二月三十一日傳訊給兒子王炳忠，「美書五本都弄好了。」當天，名下的銀行帳戶即存入了一百六十三萬元。

王炳忠用這些款項支付《燎原新聞網》在臺北市萬華區據點的頭期款三百三十萬元、每月房貸四萬六千元及招待軍官上三溫暖、住酒店等費用。

周泓旭因吸收外交部官員，獲判有期徒刑一年二個月定讞，所涉《燎原新聞網》案則退回北檢偵辦。至於王炳忠、侯漢廷、林明正、王進步等四人，則於二〇一八年六月十三日遭臺北地檢署起訴。

中國國臺辦當天即以高分貝回嗆，這是喪心病狂的行為。

表面說惠臺，就想你當中國人

中國為了擴大拉攏臺灣的年輕人，在二〇一八年推出三十一項「對臺措施」，想藉著包含企業工商、影視產業、社團與學術等各項範疇，吸引臺灣的教師、醫師、科技財經人才及年輕人前往中國就業或定居，甚至還推出「居住證」，迴避掉以往的「戶籍」規範，擬徹底將臺灣人轉換為中國人。

中國國臺辦在二〇一八年二月二十八日發布所謂的「對臺三十一項措施」。其中十九項措施涉及「逐步為臺灣同胞在中國學習、創業、就業、生活提供與大陸同胞同等待遇」，包括向臺灣民眾開放一百三十四項國家職業資格考試，提供從業資格取得和應聘便利，以及可申請諸如「千人計劃」、「萬人計劃」

及各類基金項目，及可參與「中華優秀傳統文化傳承發展工程」和評獎項目、榮譽稱號等評選。

三十一項對臺措施，挖角臺灣人才

中國也鎖定臺灣的醫師、教師、財經人才，開放臺灣學生報考中國醫師的資格，已在臺擔任醫師者也可在中國短期行醫。鼓勵臺灣教師到中國的大學任教，臺灣財經人才到中國報考證券、期貨、基金等從業人員的資格。開放臺灣民眾加入中國專業性社團組織、行業協會，參與中國基層工作並放寬臺灣影視、圖書等市場准入限制——透過重新包裝舊政策，吸引臺灣人才前往中國發展。

而中國廣東省東莞職業技術學院，更預定由該校的黨委書記領軍，在二〇一八年五月，假餐敘之名於臺北舉辦攬才面試活動。規劃招聘十九名教師，並宣稱教授年薪三十六萬人民幣、副教授三十一萬人民幣、博士二十八萬人民幣，還附註「薪資無上限、優秀人才一事一議」，每學期可報銷一次回臺的機票費用。

相關行程經臺灣的媒體披露後，引發政府相關單位高度關注。在實際了解及確認其來臺目的與行程後，東莞職業技術學院臨時取消原定的面試活動。

安排年輕人前往中國實習，爭取落籍中國

國臺辦旗下《中國臺灣網》的青年公社則自二〇一六年起，舉辦「臺灣青年暑期實習計畫」，以每個月二千元人民幣的生活津貼，提供臺青前往中國實習。國臺辦也透過臺灣青年聯合會與人力公司，研發赴中求職 APP 平台，提供實習、就業資訊給在中國學習的臺生，或有意前往中國發展的臺灣青年，同時利用教育部於二〇一七年停用「大專校院畢業生流向追蹤公版問卷系統平台」機會，主動向臺灣各大學爭取建置畢業生流向追蹤系統，藉掌握臺灣畢業生的動態，提升前往中國就業、創業、落戶的機會。

或許是受到美中貿易戰的衝擊，重創中國的經濟發展，中國的三十一項「對臺措施」的成效極為有限——二〇一八年「臺灣青年暑期實習計畫」規模僅千

餘人，相較於二〇一七年誇稱的四千多人已大幅縮水。公立與頂尖大學並無教師赴中任教，私立學校教師或研究所畢業生赴中任教亦無特殊異常狀況。二〇一六年、二〇一七年申請赴中行醫件數分別為二百零四人、二百三十四人，二〇一八年前八月更只剩一百零八人。

利用居住證，將臺灣人納入戶籍管理

為了進一步讓「將在中國居住的臺灣人」納入「中國國民」的體系，中國在二〇一八年九月實施「港澳臺居民居住證」，採取同於中國身分證的編碼、技術標準，讓居住證持有人不必設立中國戶籍就能獲得社會保險、勞動就業等權利，並享受公共服務和便利措施。

由於《兩岸人民關係條例》僅禁止臺灣人民設立中國戶籍、領用中國護照，中國迴避設立戶籍這道障礙，確實能提高臺灣人的申請意願，進而模糊掉兩岸間實質與心理的界線，製造對臺行使管轄的假象。

如果實施狀況踴躍，中國甚至可能將臺胞證、居住證與身分證合一，直接納入戶籍管理。讓只要踏入中國領土的臺灣人全都成為實質的中國人。

百校千生，深入校園

不只踏出社會的臺灣青年是中國極欲滲透的對象，就連中小學生，中國也要「向下扎根」，希望自小提升臺灣學生對中國的好感——為有效達成這個目標，中國更是對中小學校長撒下大網。

早在馬英九執政的二〇一〇年，中國教育部港澳臺辦公室就委託北京師範大學校長培訓學院與臺灣中小學校長協會，共同舉辦「臺灣中小學校長高級研修班暨兩岸中小學校長高峰論壇」，各省、市政府舉辦的交流活動，當然也不計其數。

先滲透校長，建立持續互訪的機會

曾任全國中小學校長協會理事長的高雄市四維國小校長翁慶才，就在二〇一六年赴中四次、二〇一七年赴中三次，暑假期間幾乎都留在中國。在他率領一百二十位校長在二〇一七年十月前往北京出席「京臺基礎教育校長峰會」時，不但獲得中國國臺辦主任張志軍接見，還代表中小學校長協會與北京教育學院簽署「京台基礎教育發展聯盟」備忘錄。

新北市議員沈發惠於二〇一七年六月揭露，新北市校長在二〇一五年去中國八十人次、二〇一六年七十七人次，光是新莊昌平國小校長張信務，兩年之間就去了九次，共五十六天：西安八天行只要二萬元、新疆八天行三點六萬元，根本就是接受中國的「落地招待」。

中國積極拉攏校長，除了能建立雙方密切的聯繫管道外，還能再以「回訪」名義，取得臺灣校長的同意函，之後就能派遣大批中小師生來臺參訪。

滲透對象，下探至小學生

例如，中國江蘇省自二〇一五年起舉辦「蘇臺基礎教育發展論壇」，每年邀請百位臺灣中小學校長、老師出席，短短三年間就促成臺灣五十五校建立「結對合作」。中國國臺辦交流局副局長王振宇還在出席二〇一七年論壇時表示，「應讓兩岸學生培養正確的民族觀和歷史觀」。

在這樣的基礎下，江蘇省在二〇一七年進而推動「百校千生」，安排大量中國師生來臺灣交流，估計在三年內達成千名兩岸中小學師生互訪交流、百所中小學簽訂結對協議，「將合作模式從一對一交流擴展至區域對區域、校群對校群，逐步實現兩地交流制度化、規範化、長期化」的目標。

「百校千生」首年派出十四校、二百二十七名師生來臺。二〇一八年擴大為十八校二百五十九名師生。如此龐大的交流陣仗，卻都以「化整為零」的方式，個別提出申請，規避臺灣的審查，在臺期間則入住「寄宿家庭」，直接深入臺灣學生的家戶。

共青團直接主導，滲透從娃娃抓起

自一九九二年就開始的「兩岸和平小天使」交流活動，主辦單位之一就是赫赫有名的「中國少年先鋒隊全國工作委員會」（簡稱全國少工委）。這是由中國共青團領導的群眾性的兒童組織，針對六歲到十四歲少年，包括前中國領導人胡錦濤、中國總理李克強均曾任共青團書記兼全國少工委主任。

中國除了在「兩岸和平小天使活動」大喇喇地打上「兩岸一家親、共圓中國夢」等字樣外，國臺辦官媒《中國臺灣網》更在介紹二〇一九年「兩岸和平小天使」時，露骨地提及希望「將兩岸交流活動的時間關口往前移」，從娃娃抓起，以促進兩岸少年兒童結成竹馬之交，而這是引述中共總書記習近平在二〇一九年三月「要從學校抓起、從娃娃抓起」的發言。

中國山東省臺辦則自二〇〇四年起，舉辦「齊魯風、兩岸情」活動，鎖定臺灣知名中學進行邀訪。

建國中學在二〇一七、一八兩年間，兩度受邀訪中，八天行程僅花費九千二百五十元，引發臺灣社會的高度關注。陸委會對此明確表示，「對於學校與學校間的交流沒意見，但由臺辦主導的接待，帶有統戰目的，不能視而不見」。

第五卷

培養癌細胞 從內部反噬

黨海戰術，擴大親中聲量

中國共產黨在與國民黨爭奪領土的過程中，扶植各小黨所合組的「中國民主同盟」，並協助「實力最遜」的民盟在政治協商會議取得最多席次，成為中共的側翼，強化中共取得中國的正當性。民盟也在中華人民共和國成立後，成為樣板在野黨。

類似扶植小黨、製造輿論以強化正當性的手法，中國也用在今日的臺灣——透過許多沒有實際政治影響力的小黨，頻登媒體版面，搶占親中話語權。

曾經盛極一時的新黨，是臺灣主要政黨親中色彩最濃厚者，不過在兩千年後，因宋楚瑜成立親民黨，造成支持者與黨內菁英大量流失，淪為支持度不足百分之五的小黨。

新黨喪失政治影響力，轉而為中國喉舌

喪失實質政治影響力，卻仍有高度輿論聲量的新黨，轉而投向中國。二〇〇一年七月，新黨組團前往中國拜會國臺辦，達成在「一個中國、和平統一」的基礎下，建立中共與新黨的對話。

二〇〇五年七月，新黨主席郁慕明繼國民黨主席連戰、親民黨主席宋楚瑜後，前往中國拜會領導人胡錦濤。新黨提出極接近「一國兩制」的「一中兩制」，中國則特許新黨設立臺商服務部。

郁慕明與中國的關係，也屢次遭外界質疑。新黨全委會顧問張建農曾於二〇〇八年九月指控，郁慕明多年來利用主席身分頻繁出入中國，在上海先後購入六十坪大樓豪宅，價值二千六百萬臺幣，以及價值二千萬臺幣的雙層別墅，其置產資金可能與中國有關。

郁慕明在中國擁有經濟利益，頻遭黨內質疑

《壹週刊》也曾於二〇一二年十二月報導，郁慕明曾擔任董事長的國際脈絡公司，取得中國販售香菸的特許執照，因而向臺灣菸酒公司標下長壽菸在中國的代理權。

立委段宜康進一步於二〇一六年七月說明，雖然在國際脈絡集團取得代理權時，郁慕明已經不是董事長，但該公司的三名董事就有兩人是郁慕明的子女。他解釋，郁慕明是獲得「中國菸草公司」核發許可，得以每年只支付臺灣菸酒一百三十五萬元權利金，而在中國生產長壽菸的中國品牌。

隨著郁慕明與中國的關係愈緊密，新黨也更往中國靠攏。二〇一四年九月，新黨就率領包括新同盟會、中國統一聯盟、兩岸統合學會等二十四個統派團體，組成「臺灣和平統一團體聯合參訪團」，前往中國拜會中國領導人習近平與國臺辦，並接受習近平對於「和平統一、一國兩制」的宣傳。

習近平在二〇一九年初提出「一國兩制」臺灣方案後，郁慕明更率先表態，願前往中國進行政治協商。

由於新黨版圖大幅萎縮後，難以分食藍營的政治獻金，也拿不到政黨補助款。自二〇〇二年開始擔任黨主席且與中國關係密切的郁慕明，也同時扛下新黨的財務——郁慕明以個人名義墊借新黨新臺幣一點二億元為由，長期盤據黨主席職位。

捐出政黨補助款，繼續獨攬新黨大權

縱使新黨因政黨補助款的門檻下修，得以在二〇一六年選後獲得四年合計一點二億元的補助款，郁慕明索性宣布「全數捐出」，此舉被外界解讀是「降低他人來爭奪新黨主席」的動機。

曾於二〇〇一年擔任新黨全國總召的謝啟大，原本欲在二〇一七年參選新黨主席，但因申請補發黨證而被認定黨齡不足一個月未獲參選資格。謝啟大隨於二〇一七年七月發文抨擊「郁慕明是萬年黨主席」，並質疑郁慕明兼營商務，否則何以賺取一點二億元鉅款供養新黨？

除了爭取新黨這種「勉強上得了檯面」的主要政黨，中國也在臺灣實施「黨海戰術」，扶植一堆沒什麼名氣，更無影響力的小黨，在特定媒體中製造親中的聲量。

例如，由海外洪門於一九二五年成立的中國致公黨，在一九四七年五月與諸多小黨共同加入中國共產黨領導的人民民主統一戰線，成為中國的樣板政黨之一。洪門華台山山主王瑞陞，則於二〇〇〇年在臺灣復刻成立中國臺灣致公黨，主張兩岸和平統一。

致公黨衍生政黨聯盟，膨脹親中聲量

中國臺灣致公黨在二〇一三年聘請臺商沃華集團的理事主席、「全國臺灣同胞投資企業聯誼會」副會長陳柏光擔任榮譽主席。陳柏光於二〇一五年底擔任主席一職。

自此，陳柏光積極整合臺灣各小黨，先於二〇一七年二月當選全民幸福政黨大聯盟總主席，誓言將帶領百黨聯盟共創兩岸和平發展的新希望。二〇一八年再與全民行動黨合作，成立第三勢力333政黨團結聯盟；分別利用各種不同的政黨、政團名義，在非主流媒體頻頻發聲，支持中國。

中國臺灣致公黨在二〇一七年十一月改名為中華民族致公黨，並大舉投入二〇一八年地方公職人員選舉。成功當選一席金門縣議員、二席金門縣金湖鎮代、一席桃園市觀音區上大里里長。

就連軍情局前副局長劉本善，也因就讀文化大學國發所時結識陳柏光，而在二〇一九年獲聘為沃華集團投資總裁一職。

中配組黨，要立委向毛澤東下跪

中國配偶在臺超過三十萬人，依現行法規只要在臺居留六年，就能申設戶籍、取得身分證，同時具有選舉權，領有身分證滿十年，則可組織政黨或登記為公職候選人。在臺灣，就有一個以中配為基礎的中國生產黨，積極涉入臺灣政治，還嗆聲「要讓臺灣的立委、將軍向毛澤東下跪」。

來自中國福建省龍岩市永定縣的盧月香，一九九一年與臺籍丈夫施精健結婚後，二〇〇一年領取身分證，並進入國民黨中央黨部工作，協助臺商服務業務。此後，她以中配的身分，積極為國民黨助選，在二〇〇八年總統大選擔任騁馬雄兵後援總會總隊長。

盧月香力挺國民黨，自爆幫國民黨買票

盧月香自曝她在二〇〇八年前往中國向臺商拉票，「沒錢回來投票的，就索取對方的臺胞證，幫忙出錢、訂機票；要是工作走不開的，就幫忙安排代班者；如是支持綠營者，就請對方繼續留在中國。」

在這樣的基礎下，她於二〇一〇年成立中華生產黨（後於二〇一四年更名為中國生產黨），強調以毛澤東思想來教育全黨黨員。中華生產黨的黨旗與中國五星旗幾乎完全一樣，只是把紅底黃星改為藍底紅星——就連配合盧月香參與黨務的兒子施穎忠也坦言，「這就是藍色的五星紅旗」。

中華生產黨成立後，一度有四萬人入黨。

盧月香挾此基礎與國民黨接洽，要求國民黨中央成立「新住民委員會」，並在二〇一六年立委選舉將中配納入安全名單，就會全力支持國民黨。但事後遭國民黨黃復興黨部否認。

在藍色五星紅旗基礎下，成立中華生產黨

盧月香在中國媒體《南方周末》於二〇一三年七月的報導中，提及「我想讓臺灣的立法委員、將軍也來跪毛主席」、「大陸不方便做的事情我來做，大陸不方便說的話我來說」、「等到有一天我們翅膀硬了再自己飛」等驚人言論，引發國內一陣譁然，就連國民黨立委也提出批評。

在二〇一四年臺北市長選戰期間，盧月香發起舞馬雄兵新住民大聯盟支持國民黨候選人連勝文。舞馬大聯盟在二〇一四年十月十二日上午於國軍英雄館舉辦造勢活動，包括連勝文、連勝文後援會總會長江丙坤均親自出席。當天下午則有中華民國體育運動總會在總統府前廣場舉辦「二〇一四親子健行孝親洗腳」活動，中國生產黨、舞馬大聯盟限定「同時參與上、下午活動的入盟者，可領一千元出席費」。

由於此舉涉「走路工」之嫌，臺北地檢署事後追查資金來源以及是否有中資介入的情況，但因中配出席洗腳活動是由「兩岸民族藝術交流協會」所邀，與主辦造勢活動的舞馬大聯盟沒有直接關係，等於切出了完美的斷點，但縱使是

限定同時參與上、下午活動的入盟者可領取一千元出席費或等值的電視棒，檢方最後仍僅以盧月香等人罪證不足，不予起訴。

助選之餘，更不忘配合中國政策

中國生產黨不畏種種爭議，仍積極參與政治活動，在尋求國民黨合作觸礁後，還想自行在二〇一六年的立委選舉推出十名區域、二名不分區立委候選人。但最後僅提名尤命．蘇樣參選山地原住民立委。

雖然在臺灣從政的成績不盡理想，盧月香還是不遺餘力地配合中國統戰政策。在中國於二〇一五年七月改版卡式臺胞證時，盧月香就搶先領取編號「000000001」的首發證，並大讚有了免簽及卡式臺胞證，可節省通關時間與人民幣五十元的簽注費。

在金門縣二〇一七年十月二十八日舉辦博弈公投前夕，盧月香也配合中國官方反賭立場，多次出面呼籲中配必須投下不同意票。

乖乖聽令的臺灣黑道

香港眾志秘書長黃之鋒以及羅冠聰、朱凱迪、姚松炎等三位香港立法會議員在二〇一七年一月受邀訪臺，但自桃園中正機場入境開始，所到之處均遭黑幫勢力團團包圍及抗議，甚至險遭施暴。四海幫主楊德昀、副幫主張存偉、張惟強等人更是「親臨現場」，顯示中國已透過各種方式，直接掌控臺灣的黑幫勢力。

根據警政署事後的掌握，黃之鋒等人來臺的二〇一七年一月七日當天，四海幫率先在臺北市塔悠路集結成群，搭乘四輛遊覽車前往桃機，楊德昀的座車也在附近出現，張存偉、張惟強則與幫眾一起現身於機場。

不涉政治的四海幫，首現政治抗爭場合

一月八日下午，黃之鋒等人在臺北市松江路舉辦論壇，場外同時有愛國同心會近二十人、中華統一促進黨近百人、四海幫約二百人抗議，楊德昀與張惟強就站在幫眾裡。

這群幫眾不只是抗議黃之鋒等人而已。

根據警方蒐證，二〇一四年反服貿學運、反課綱微調行動，這些統促黨、竹聯、四海等幫會都有參與抗議行動。二〇一六年七月十五日，臺灣民政府遭縱火。二〇一七年七月的「滅香事件」抗議事件，竹聯、四海、松聯、北聯等幫會也有人到場。二〇一七年二二八自由廣場暴力事件，涉案人士就包括統促黨、四海同心會成員，顯示部分臺灣幫派在「挺中促統」的政治活動中有串聯的跡象。

《自由時報》曾報導竹聯、四海幫在二十餘年前，前進中國後，若干生意要仰賴中國政府給予便利，而漸被中國吸收；有些原已苟延殘喘的大老，在中國情治人員接頭、收納後，有的大張旗鼓、有的低調回臺，還有人變身親中團體主導人。

凌駕國臺辦，中國國安部直轄臺灣黑道

《自由時報》也揭露，形成於二〇〇〇年、隸屬於中國國臺辦的福建廈門對臺辦外聯辦事處（簡稱外聯辦事處），是中共掌控臺灣兩大黑幫的前哨基地，堪稱臺灣黑幫的「上級單位」，且外聯辦事處實質是由中國國家安全部直接管理，國臺辦幾無權置喙。

外聯辦事處負責人一名叫作「管處長」的人，早期透過臺商及在中國經商的某警政首長之子，認識潛逃赴中的黑幫人士，屢屢藉營救遭中共治安人員整肅的四海幫、竹聯幫重量級人士以建立良好交情，並誘收為重要線頭。

例如，某四海幫曾任「重要位置」的大哥，在中國經商有成，但因在上海得罪當紅的官二代，雙方爆發衝突，事後那位大哥「莫名消失」近月，才又重新出現街頭，據說就是「管處長」出手相救。

國家重要線人

還有位在中國福建經商的竹聯幫精神領袖級人士，疑因商業糾紛被中共治安單位盯上，也是突然莫名銷聲匿跡了一段時間，幫眾奔走無效，最後靠著「管處長」主動出手營救，才獲得安全釋放。

許多在中國犯案的黑幫人士，幾乎都是靠著「管處長」以「對方是國家重要線人」為由，而順利自苦牢中「撈出」，因此，黑幫許多人都欠「管處長」人情，私底下還戲稱其為「臺灣黑幫老大的頭子」。

是媒體，還是特務？

享有「新聞自由」保護傘的媒體，可能也是中國勢力滲透臺灣的先遣部隊。親中色彩濃厚的香港媒體《大公報》，假藉來臺駐點採訪，卻能於記者不在臺灣的情況下，透過在臺代理人跟監港獨人士訪臺而「隔海完成報導」。假新聞之名，行諜報活動之實。

香港獨派學生組織「學生動源」召集人鍾翰林等人，於二〇一九年一月中旬來臺參訪。十一日深夜甫抵達中正機場，但親中港媒《大公報》、《文匯報》居然能在十四日以全版的內容，以跟監、遠拍的方式，鉅細靡遺地報導鍾翰林在臺灣的一切行程。

香港異議人士來臺行程，親中港媒全掌握

以《大公報》為例，《大公報》的報導不但掌握了鍾翰林的抵臺航班，追蹤鍾翰林於十二日獨自搭捷運前往唭哩岸站，步行至社運人士王奕凱的北投服務處，並以極為聳動的下標方式，形容這是「港獨」及「臺獨」的合流。

接著，不管鍾翰林與同行友人在哪個捷運站會合、換乘計程車前往哪間咖啡店，或與長期支持香港民主運動的林保華、楊月清夫婦會面，逛夜市、甚至連鍾翰林拿手機發臉書貼文、在書店買了哪本書、在臺中的哪家彩券行買彩券等種種細節，《大公報》不只滴水不漏地詳盡「報導」外，就連特寫照片也都有，顯然是「多組情治人員貼身跟監、跟拍」。

深知自己全程遭跟監的鍾翰林，則在林保華夫婦的安排下，於十五日離臺前，約見《自由時報》記者蘇永耀，討論中、港情治人員在臺猖獗活動的現況。

不只跟拍，談話內容也不漏接

鍾翰林透露，《大公報》報導內容提及林保華夫婦將「安排專車接載鍾翰林等人會見神秘頭目」，其實只是十二日當天見面時，他們討論擬租車在北臺灣遊玩而已，這樣的報導內容，恐怕不僅是近距離的監控，還可能是透過各種管道，多方探詢鍾翰林的活動紀錄。

而鍾翰林與《自由時報》記者蘇永耀的會面過程，《大公報》還在十六日以頭版全版的篇幅，報導〈蔡密使見「學動」成員授「獨」計〉，把跑總統府新聞的記者蘇永耀誤認為總統府人員，詳盡跟拍其走進總統府三號門旁媒體停車區的開車門動作。

令人弔詭的是，《大公報》、《文匯報》並未於臺灣駐點，移民署也查無幾名在相關報導掛名者的出入境資料，顯然，相關報導是從境外遙控在臺灣潛伏的代理人執行跟拍、跟蹤任務。

而光是鍾翰林等人來臺的緣由，也可能是中國設局。

在港獨團體間曾於二〇一八年底傳出，世界維吾爾代表大會主席熱比婭即將訪臺，吸引數個港獨團體準備來臺共襄盛舉；然而，在臺灣的民間人士得知相關訊息並多方求證後，確定沒有熱比婭到訪的事，以致部分港獨青年取消來臺，但鍾翰林等人因早已訂好機票，索性改成來臺參訪友人的行程。

據《自由時報》報導，國安單位事後追查，共有六位《文匯報》及《大公報》記者利用移民署「港澳居民網路申請臨時停留許可」（網簽）或「第三類簽證」（持有外國居留證之海外中國人）的查證寬鬆，以觀光名義輕易入境臺灣，再從事遊走在法律邊緣的活動。他們在臺期間，聘請多位臺灣徵信社業者進行監控、臥底，包括擔任鍾翰林等人的司機、導遊，並於案發後，他們迅速離境。

親中港媒的跟監報導，淪香港異議人士的犯罪證據

中港動員大批情治人員與媒體，高規格緊盯港獨人士的在臺行動，除了監控，還可能藉以製造「犯罪證據」。例如，香港民族黨在二〇一八年九月遭到香港特區政府藉口以違反「社團條例」而予查禁——港府所指控的資料，就有類似香港民族黨來臺與臺獨合流的報導與照片。

「佔中」發起人、香港大學法律系副教授戴耀廷於二〇一八年三月來臺出席論壇時，也同樣遭《大公報》、《文匯報》以類似手法報導稱是港獨、藏獨、疆獨、蒙獨、臺獨的「五獨合流」，以鼓吹分裂國家，事後還成為港府批鬥戴耀廷的素材。

舉五星旗幫中國保釣

日本與那國島距離臺灣宜蘭的蘇澳港僅有一百一十一公里，以致宜蘭漁民甫出海數小時，就會踏進日本的經濟海域；加上臺、日均聲稱擁有釣魚臺主權，以致保釣、護漁的問題成為中國長期滲透臺灣的絕佳介入點。

釣魚臺原為無主之島，日本內務省於一八七九年出版的《大日本府縣管轄圖》正式劃入釣魚臺，並於一八九五年一月的內閣會議將釣魚臺劃入沖繩縣。戰後的「盟軍最高總司令部備忘錄第667號」，明定將北緯三十度以南的西南諸島，由日本移交聯合國。因此，一九五一年的《舊金山和約》中，日本放棄的領土範圍並不包含釣魚臺。直到一九七一年美、日簽訂《沖繩返還協定》，釣魚臺就被視為琉球群島的一部分，而歸還給日本。

釣魚臺本不屬臺灣，保釣運動蜂起後才主張

而當時在臺灣的中華民國政府並不在意釣魚臺。隸屬於總統府的國防研究院所出版之《中華民國地圖集》，在一九七二年以前都看不到釣魚臺，反能在其出版的《世界地圖集》的〈琉球群島圖〉上，找得到名為「尖閣群島」的釣魚臺。之後，釣魚臺問題於是激起中國、香港、臺灣、海外各地華人的反日民粹，政府才開始主張釣魚臺主權。

中國則於二〇〇〇年起鼓勵民間發起「保釣行動」，並漸與香港、臺灣的「保釣行動」合流。二〇〇三年十月，中國籍閩龍漁 F861 號自福建廈門東渡漁港啟航，與臺灣籍新航 166 號會合後，擬共同駛往釣魚臺，因遭日本海上保安廳攔截而折返，中港臺保釣人士事後共同發表《海峽兩岸與香港聯合出海保釣聲明》。

黃錫麟長期配合中國，帶五星旗保釣

臺籍保釣人士黃錫麟，就曾於二〇〇六年八月搭乘全家福號出海，保釣前透露，已另行準備五星旗——因為日本人看到五星旗，會比較收斂點。香港籍啟豐二號擬於二〇〇六年十月載運中、港、澳的保釣人士前來臺灣會師，共同帶著五星旗前往釣魚臺宣示主權，不過啟豐二號遭陳水扁政府禁止停靠基隆港，最後只能單獨前往釣魚臺。

然而在當年的保釣青年馬英九於二〇〇八年擔任總統後，民間「保釣行動」就愈趨高調。二〇〇八年六月十日，臺籍聯合號海釣船刻意駛進釣魚臺，遭到日本巡邏艦撞沉。臺灣民間保釣人士隨於六月十五日出動全家福號出海，後在海巡署派艦護航下，繞行釣魚臺一圈。

行政院長劉兆玄事後透露，政府已掌握部分香港保釣人士準備攜帶五星旗隨行，最後技巧性防止相關人士出海。

不過在二〇一二年七月四日，已出任世界華人保釣聯盟會長的黃錫麟，再搭全家福號出海，海巡署也出動五艘巡防艦護航。黃錫麟在最接近釣魚臺十公尺時，竟對日本船艦拋出五星旗。

此舉引發全國譁然，馬英九事後也強調無法認同。

保釣團體，充滿濃厚親中背景

隨後在二〇一二年八月十五日，原申請來臺會師遭拒的香港籍啟豐二號，直接前往釣魚臺，並突破日艦阻撓成功登島，高調揮舞五星旗與中華民國國旗。臺灣民間保釣人士則在九月二十三日舉辦大遊行，許多親中團體趁勢高舉五星旗，並於二十四日集結七十五艘漁船，大陣仗前往釣魚臺抗議。

不只是頻頻參與保釣護漁行動的漁民勞動人權協會、全球保釣行動會、中國統一聯盟、臺灣反帝學生組織等團體具有濃厚的親中背景，國安單位更於二〇一三年三月透露，黃錫麟多次從事「保釣行動」前，均先赴中國募集資金，背後充斥中國國臺辦身影。

例如二〇一二年七月的「五星旗保釣行動」就獲捐十五萬元人民幣。二〇一三年一月底的保釣活動，三艘中國海監船更適時在臺、日船艦對峙時現身，刻意塑造「兩岸共同保釣」的意象。

統促黨文武並進，深入基層

美國國會轄下的「美中經濟暨安全檢討委員會」在二〇一八年八月二十四日發布報告，直指中共積極對臺灣發動滲透及統戰工作，內容包括招募臺灣的政、商界人士或犯罪組織，例如中華統一促進黨或新黨青年軍——其中的統促黨，不但頻頻捲入高度政治性的暴力衝突事件，並深入臺灣基層，接收國民黨勢力削弱後的地方勢力。

雖然具有黑道背景的統促黨總裁張安樂遲至二〇一三年六月底，才因所涉恐嚇罪已過追訴期，結束逃亡中國十七年的歲月返回臺灣，然而成立於二〇〇五年的統促黨，早在馬英九二〇〇八年就任總統後，就已活躍於臺灣。

保護郭冠英，統促黨一戰成名

二〇〇九年三月底，長期發表辱臺言論的新聞局秘書郭冠英返臺，張安樂就動員大批統促黨成員，從桃園中正機場一路護送他到臺北，為躲避媒體的追逐，郭冠英多次換乘的計程車隊也與統促黨關係密切。

而自張安樂返臺後，統促黨就開始積極參與具高度政治敏感性的暴力衝突事件。二〇一四年四月，不滿學生占領立法院議場，發動反服貿學運，張安樂率領上千名統促黨成員也準備衝入議場，向學生嗆聲。最後因警方的阻離僅能隔空叫罵。二〇一五年八月，數名中學生因抗議馬政府進行「微調課綱」，闖入教育部長辦公室，張安樂也率領兩千名統促黨成員「路過」，要求學生返家。

二〇一七年一月，羅冠聰、朱凱迪、姚松炎等三位香港立法會議員訪臺期間，統促黨更是動員上百人緊迫盯人，包括張安樂次子任統促黨兩岸事務部副部長張瑋、統促黨屏東黨部總幹事余學誠、統促黨道玄支黨部主委郭啟源、統促黨道玄支黨部總幹事高健閎等四人，事後均依妨害公務遭到起訴。

反中政治抗爭，統促黨必到場圍勢

二〇一七年九月二十四日舉辦的「二〇一七中國新歌聲—上海臺北音樂節」演唱會，引發多名臺大學生反彈、抗議。張安樂次子張瑋也率領多名統促黨成員前往反制，對抗議學生發動暴力攻擊，包括在場指揮的張瑋，以及胡大剛、王啟鑌、林紹哲、楊紹瑞等人事後均依傷害、恐嚇等罪遭判刑。

暴力衝突後不久，張安樂再於二〇一七年十月一日率兩千名統促黨成員上街揮舞五星旗，「慶祝祖國生日快樂」。張安樂公開強調，現今中華民國能存在，靠的是中國共產黨、中華人民共和國。

長期主張「武統臺灣」的中國學者李毅，就在二〇一七年五月來臺出席《旺報》舉辦的「兩岸高峰論壇」時，大力肯定張安樂手上有一、兩萬人，「如果大軍上島，張安樂的紅色部隊是現成的帶路黨。張安樂的中華統一促進黨，是目前臺灣唯一有堅強組織的統一力量。」

臺北地檢署在二〇一八年偵辦新黨青年王炳忠涉共諜案時，也發現王炳忠在「臺灣統派青年核心小組綱領及章程」的〈總綱〉的書面資料上，寫下「具有媒體號召：郁、張（黑道）」——疑似想借重張安樂與新黨主席郁慕明的影響力。而根據《半島電視臺》在二〇一八年九月公布的紀錄片，愛國同心會成員亦於片中透露，統促黨內什麼幫派都有，透過統促黨某某支黨部來「漂白」。

除了上街滋擾外，統促黨也深入臺灣基層，發展組織並積極參與選舉。

選里長、進駐宮廟，統促長深入臺灣基層

二〇一四年的地方公職人員選舉，統促黨贏得一席新竹縣竹北市民代表、一席雲林縣北港鎮民代表、一席新北市鶯歌區東湖里長、嘉義縣溪口鄉柳溝村長。二〇一六年立委選舉，統促黨更獲五萬六千三百四十七張政黨票，不過在二〇一八年地方公職人員選舉只保住一席新北市鶯歌區東湖里長。

統促黨也深入地方的宮廟系統，許多黨員、幹部均身兼宮廟職務。例如張安樂的得力助手王文宗就是臺南學甲慈濟宮董事長。臺南歸仁天后宮主事李明祥也是統促黨員、統促黨清芳黨部主委林國清則兼任好幾間宮廟的榮譽董事。

二〇一七年七月的「滅香大遊行」，統促黨原想透過幾位擔任宮廟負責人的

黨員取得活動的主導權，但遭到幾個主要發起宮廟的婉拒，最後僅由統促黨員、統促黨負責的宮廟個別參與。張安樂當天也現身活動會場。

由於統促黨在臺灣不斷動員參與各種政治活動，也深入基層發展組織，但統促黨未收黨費，其二〇一六年的政治獻金收入僅有二百四十四萬元、二〇一七年更只有一百七十三萬元，顯見難以支應檯面上的活動支出。

外媒質疑，中國重金支援統促黨

民進黨立委陳其邁曾於二〇一七年九月指出，張安樂在中國與香港設有韜略集團，生產運動安全帽，張安樂可能用公司獲利支應活動費用，也不排除是中國挹注資金給在中國的公司再轉來臺灣。

民進黨立委邱議瑩也在二〇一七年九月二十六日於立法院引述《博訊新聞網》的報導，指出中國每年撥款五百萬元人民幣給張安樂、三千萬元人民幣給竹聯幫，質疑統促黨背後有中國資金的介入。

在臺北地檢署偵查下，發現統促黨的活動費用並非來自黨部，而多是直接向張安樂申請。張安樂則堅稱，這都是他在中國做生意賺來的錢。

愛國同心會糟蹋臺灣

成立於一九九三年的愛國同心會，長期招攬已設籍臺灣的境外人士，打著「愛中國、反臺獨」的訴求，高調在臺北街頭滋擾二十餘年，縱使多位成員因此不斷吃上傷害、妨害自由等官司，卻仍無法收斂其行為。

愛國同心會的創辦人周慶峻，早年從中國偷渡到香港、再偷渡來臺灣，並取得臺灣戶籍，成為臺灣公民。在二十世紀末成立的愛國同心會，自始就是走「街頭暴力」路線，高調對抗臺灣國內的「反中」勢力。

愛國同心會以遭擾、暴力起家

美國著名演員李察吉爾在一九九八年於中正紀念堂舉辦個人關懷西藏議題的「朝聖之旅攝影展」，愛國同心會就曾率眾進入會場叫囂、破壞。

二〇〇〇年民進黨執政後，愛國同心會類似的暴力、滋擾行為更是層出不窮。二〇〇一年二月，律師莊柏林以個人名義向臺北地檢署聲請再議「興票案」，隨即遭到周慶峻邀集七、八人前往其事務所，丟擲雞蛋及餿水以示抗議，並當場毆傷莊柏林。

二〇〇三年十一月，中國民運人士曹長青在圓山飯店召開「兩岸交流與國家安全國際研討會」，發表支持臺獨的言論，也遭周慶峻率眾圍毆。

當時的愛國同心會已使用插滿中國五星旗的宣傳車，在臺北街頭高聲播放中國國歌，宣傳「一國兩制」。

「叫罵法輪功成員」成為愛國同心會的日常

自馬英九政府開放中國人來臺觀光後，法輪功成員常聚集於中客必訪的熱門景點，宣傳中國共產黨的惡行。愛國同心會則是動員群眾到場嗆聲法輪功成員，甚至還出手毆打他們，搗毀其宣傳品。

周慶峻曾因辱罵法輪功成員是「美國走狗」、「帝國主義」等，遭最高法院於二〇一五年四月判決確定，應在《中國時報》、《聯合報》刊登四分之一版面的道歉啟事。

愛國同心會不只是挑釁法輪功，還嗆聲陳水扁、反對二二八事件平反、支持課綱微調、力挺發表辱臺言論的郭冠英、叫囂香港民主派人士訪臺、《中國新歌聲》演出衝突等等，凡是涉及到兩岸政治議題的公共場所，愛國同心會就會出現其中。

見過習近平後，開始升五星旗

周慶峻在二〇一四年九月隨新黨主席郁慕明率領的「臺灣和平統一團體聯合參訪團」訪中國，獲得中國領導人習近平的接見，因而進一步在二〇一四年十月起，每月前往總統府前升五星旗。二〇一五年下半年起，再擴增為每月在西門町插五星旗的活動。

《半島電視臺》在二〇一八年九月公布他們派記者臥底臺灣拍攝的紀錄片，片中看到愛國同心會付錢給參與活動的支持者。愛國同心會總幹事張秀葉透露，從中國接受資金是違法的，所以藉由臺商捐獻而取得資金，中國當局也會了解哪些臺商支持統一，而不讓這些臺商虧損。

招募成員以中國人為主

紀錄片中也播出周慶峻向臥底記者詢問「是否有中國身分證」一事，並表明他不相信臺灣人，只相信中國人，因為中國人會有親人留在中國，而不會向外界揭露愛國同心會在做什麼。

周慶峻也在片中與員警對話，並要對方交出警局內的臺獨支持者名單，編列支持臺獨的警察名冊。周慶峻解釋，除了製作臺獨支持者名冊，也要藉此來警告警察「不要搞臺獨」。

或許是基於這樣的觀念，愛國同心會的主要成員，包括周慶峻、張秀葉、蘇安生、蕭勤、丘廈新、遇港生等，均非生於臺灣。

在《半島電視臺》公布紀錄片後，中華統一促進黨隨即於九月十四日發表聲明，指愛國同心會成員複雜、理念不清、行為短視近利、立場投機並斷絕與其來往。

除了參與街頭滋擾行動外，愛國同心會為了反制獨派人士在二〇〇五年七月設立臺灣國民黨，也在二〇〇五年十月設立中國民主進步黨，由周慶峻擔任主席、張秀葉擔任秘書長。

張秀葉並以此為基礎，投入二〇一八年的臺北市議員選舉。最後雖僅獲二百八十六票，不過臺北地檢署查獲，愛國同心會曾於二〇一八年十月席開五十六桌，以慶祝中國六十九週年國慶日為名，免費招待民眾用餐，還在席間大肆揮舞五星旗，替張秀葉拜票。後來包括周慶峻、張秀葉等人均依賄選遭到起訴。

前進中國，請先來「五星寺」打個卡

臺灣寺廟居然變成中國的據點？建商魏明仁取得彰化縣二水鄉碧雲禪寺的產權後，將其改造成中國愛國基地，高調升起五星旗、唱起中國國歌，一度成為欲往中國發展的退休人員的朝聖地。最後因外媒的報導，迫使政府「硬起來」處理，未獲中國繼續支持的魏明仁，只能落荒而逃。

碧雲禪寺興建於一九二二年，供奉釋迦牟尼佛與觀世音菩薩，不但是地方上重要的信仰中心，也有來自全國各地的信眾。

建商魏明仁趁改建奪取寺產

寺方原本擬於二〇〇二年興建寺廟主體，但苦於經費過於龐大，因此精技營造公司董事長魏明仁表示他願意借款三千萬元，於是獲得碧雲禪寺的興建工程。在兩年的工程期後，寺方依魏明仁的要求，開付九千九百萬元支票給魏明仁。但寺方搬入後發現，建商只完成部分工程，而止付未兌現的一千餘萬元票款。魏明仁因此將住持釋懷宗簽名的三千萬元本票，向法院聲請強制執行。寺產交付法拍後，再由魏明仁的姊姊魏素丹以四千餘萬元於二〇〇七年的第十二次法拍得標，取得碧雲禪寺所有權。

碧雲禪寺在二〇一二年二月完成點交後，原寺方人員遷居至寺旁的貨櫃屋居住，魏明仁則入住碧雲禪寺，並改為「中華人民共和國社會主義民族思想愛國基地」。

碧雲禪寺轉型為五星基地，倡議中國武力解放臺灣

魏明仁在二〇一三年起，開始在臉書發表統一言論。二〇一六年十月一日首度在碧雲禪寺升起五星旗，更於二〇一六年十二月二十一日宣布，將在二〇一七年元旦上午舉辦五星旗升旗典禮，號召所有認同中華人民共和國的臺灣人共同出席。

元旦當天，包括來自高雄的中國洪門組織、中華統一促進黨高雄黨部、各地中配共約百餘人參加。魏明仁還在升旗典禮結束後，邀請所有參與者，轉身面向中國，行最敬禮。

魏明仁向中媒表示，自己曾經是國民黨員，對民進黨執政失望透頂，希望中國能早日解放臺灣。

碧雲禪寺也自此聲名大噪，儼然成為中國在臺基地。不少意欲前進中國的退休軍、警、特務人員，紛紛跑去碧雲禪寺打卡拍照，藉以取得「效忠祖國」的證明。

雖然魏明仁種種親中的行徑引發國人的反感，但因為碧雲禪寺屬於私有財產，

升五星旗、唱中國國歌也不違法，彰化縣政府完全無計可施。

直到原寺方人員提供公文，指明魏明仁興建的前殿是沒建照的違建，公權力才有出手的機會。

然而，彰化縣政府首度於二〇一七年三月三十日前去會勘時，遭到寺方人員的阻撓。縣府事後並未採取積極作為，盼待產權訴訟定讞再有後續動作。直到美國《紐約時報》在二〇一八年九月十九日專文報導碧雲禪寺的處境後，彰化縣長魏明谷才隨即站上火線，於九月二十一日派員到場張貼違建公告、執行斷水斷電等措施，也宣布於九月二十六日強制拆除。

登上紐約時報，彰化縣政府強力拆遷

魏明仁則大罵，「這裡是中華人民共和國土地，你沒權這樣做！」並揮拳襲擊建設處科員，甚至召開記者會怒嗆「在臺灣被統一後，這些人一定會被祖國嚴懲」。

不過可能因魏明仁的言行有損中國的形象，中國涉臺單位透過管道，要求他

「別再鬧了！」讓原本想抵抗到底的魏明仁趕在強制拆除的前夕，搬走包括毛澤東、習近平、周恩來等畫像在內的財產及器物。

中國國臺辦則於九月二十六日拆除首日，批評臺灣政府「一邊放任縱容臺獨分裂行徑，一邊去打擊和迫害主張統一的臺灣人士，必將受到兩岸群眾的反對和譴責」。

魏明仁事後前往中國西安，被接機友人視為民族英雄，隨後再返回臺灣。因碧雲禪寺的產權所有人魏素丹拒絕支付強制拆除費四百九十萬元，該土地也在二〇一八年十一月遭到行政執行署查封，最後在二〇一九年四月由原本的碧雲禪寺比丘尼以一千六百一十二萬元標回寺產。

第六卷

扎根基層
無所遁逃

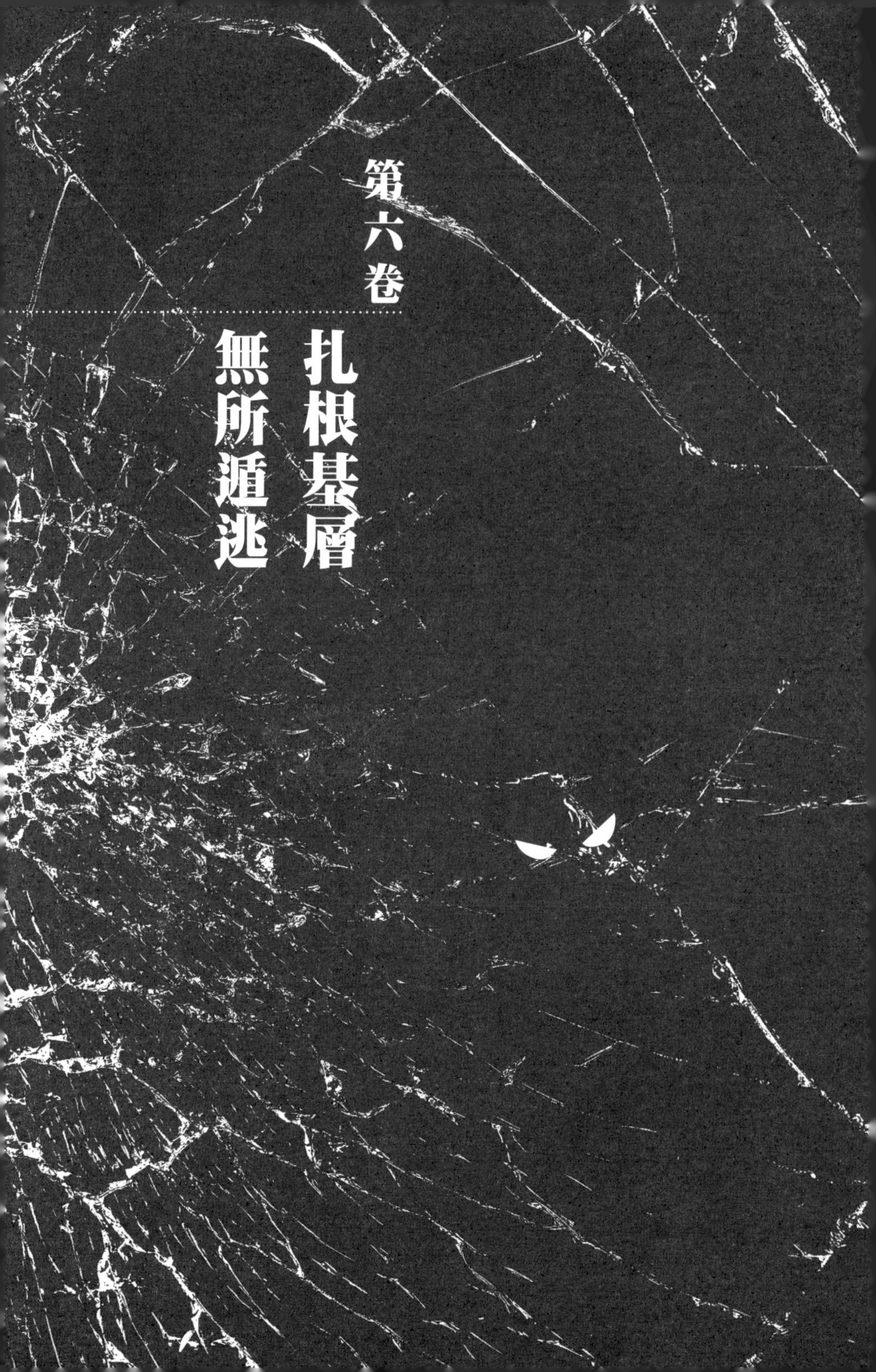

面對面，直接拉攏村里長

中國過去對臺統戰常透過「代理人」或所謂的「買辦」。不過近年來，中國已直接深入臺灣最基層的民選公職、村里，企圖藉此收編或是培養中國在臺的「紅色勢力」。

中國早期是由各級政府與對臺事務辦公室，透過藍營地方民代組織臺灣的村里長，赴中國旅遊以進行統戰工作。每一趟行程約三、五天，旅費的部分除了臺灣地方政府每年補助的自強活動經費外，當地全程食宿均由中國負責招待。

兩岸村里社區互訪，締結友好社區

到了二〇一一年十一月，「中華友好城市交流協會」率先拉攏臺北市中山區正守里、中吉里辦公處，與中國北京市朝陽區、北京海峽兩岸民間交流促進會，簽訂《友好社區見證文件》。

其中，北京市朝陽區的出席代表各具有官方或共產黨的職務，包括朝陽區社會建設工作辦公室副主任、科長，甚至「細」到街道辦事處主任、社區黨委書記等都入列。

此例一開，陸續有臺灣各地村里與中國締結「友好社區」，包括臺南市東區南聖里與中國浙江省溫州市甌海區淨水社區，在二〇一二年十二月締結友好社區。二〇一三年六月，中國浙江省寧波市瑞源社區參訪旗山聯合社區「蕉香園」時，就要求締結友好社區，約定每個月要定期聯絡、交換工作經驗，兩地社區也要各遴選六至八戶家庭，建立「結拜」關係。

從北到南，所有村里都是中國的滲透標的

二〇一七年三月，國民黨籍的高雄市議員王耀裕率領三十二名基層代表，前往中國四川進行為期八日的參訪，並促成高雄市林園區東林里與樂山市市中區縣街社區、高雄市林園區文賢里與樂山市市中區高墩子社區、高雄市林園區仁愛里與峨眉山市紅山村締結成「友好社區」，約定共享社區建設、管理、服務等方面的經驗和作法。

此外，中國在蔡英文總統上臺後，更大規模、更有政治目的去統戰基層村里長。二〇一六年七月，中國上海臺辦大陣仗招待一百三十三位臺北市里長到訪，全程六天五夜，僅收團費一萬五千元；席間還要與上海臺辦主任李文輝共舉「中國統一是責任、人民幸福為目標」之大字報合影——不管是規模之大、統戰手法之直接，都是歷年罕見的創紀錄。

二〇一七年七月，臺北市北投區大屯里長勤榮輝，進一步籌設「中華臺北村里長聯合總會」。依其章程設立宗旨，包括「連結各縣市村里長聯誼會總會長、聯誼各縣市村里長感情；配合政府推動政策、鼓勵基層參與全球或中國地區旅

遊交流活動」。

二〇一八年底選出新任村里長後，中國海南省臺灣同胞聯誼會馬上邀高雄市里長聯誼會到訪；二〇一九年一月至少有四團村里長赴中國，三月至少三團。其中，臺中市沙鹿區美仁里就與中國四川省眉山市東坡區大石橋街道江公社區簽署交流協議。彰化縣和美鎮還社里也與四川省樂山市夾江縣紅旗村結對認親。另外，包括新北市三重區長安里、錦通里也分別與江蘇省常州市雕莊街道的采菱社區、菱溪社區簽署交流協議。

村里長被納入中國公職系統，擔任居委會執行主任

另方面，中國福建平潭則於二〇一七年起引進臺灣村里長，擔任村委會或社區居委會執行主任。據《人民日報》報導，在二〇一九年已有八名臺灣村里長擔任九個村、社區居委會執行主任。據「中新網」報導，已五連任的臺北市文山區忠順里里長曾寧旖，作為試點引進的首位村里長，擔任平潭綜合實驗區嵐城鄉上樓村執行主任及平潭綜合實驗區婦聯兼職副主席，獲選福建省的「三八

紅旗手」婦女獎項。

中國於二〇一八年二月底祭出「對臺三十一項措施」後，各地臺辦系統也開始透過臺灣的兩岸交流團體與各級學校，在臺灣招募各種「落地接待團」，首要目標就是「尚未到過中國的村里長」。

為了反制中國的全面滲透，蔡英文政府在二〇一九年四月明確揭示，只要村里長前往中國簽署交流協議，就是違反《兩岸人民關係條例》，最高罰鍰五十萬元。

盼能遏止此一亂象。

假漁民去宣誓「誰的」南海主權？

海牙常設仲裁法院在二〇一六年七月十二日，就「菲律賓提告中國聲索南海大部分主權」一案做出裁決，直接認定中國「九段線」之主張無法律依據，也認定包括太平島在內的南沙群島所有島礁，均屬無專屬經濟海域的「岩礁」。

在臺灣，除了以馬英九為首的國民黨勢力，因過去主張之「歷史水域說」徹底遭否定而忿忿不平，還有與中國關係密切的假漁民，也趁機出海大作護主權秀，企圖營造兩岸官民共同維護南海主權之印象。

馬政府主張南海歷史水域，給中國有可趁之機

中華民國過去用十一斷線所包圍而成的「U形線」，將整個南海劃為領海。中華人民共和國建立後，主動移除「北部灣兩線」，成為現今北京當局所主張的「九段線」，這種直接將他國領海劃為已有的作法，不但無視國際法規範，也徹底違背現實。

因此，蔡英文於二〇一六年就任總統後，外交部隨於二〇一六年六月六日在立法院明確表示，我方是依國際法主張太平島主權，有別於過去馬政府屢屢主張的「歷史水域」。

裁決結果戳破中華民國與中共一脈相承的「U形線」、「九段線」虛幻主張，當然是「重傷」中國人的情感。當時，有從事石斑魚活魚搬運業者鄭春忠的「挺身而出」，假冒漁民的身分，號召其他漁船一起遠航太平島，展開「保祖產、護主權」的行動。

未從事撈捕的假漁民，出海捍衛南海漁權

鄭春忠這位石斑魚業者，本身就是「臺灣農民兩岸交流促進會」的漁業處長，還曾於二〇一五年五月籌辦「立基臺灣農漁發展基礎論壇」，呼籲中國免徵百分之十三增值稅，以減輕臺灣農漁民的負擔。

活動主角「海吉利號」則屬於活魚運搬船，營業範圍就是屏東與中國廈門之間，與太平島毫無關係。

而且，臺灣每年在南海作業的漁船至多三百艘，魚獲量僅占百分之零點一七，在太平島周圍作業的漁船更僅十來艘而已——顯見這片水域根本就不是臺灣主要的魚場。

結果與中國關係密切的「非漁船」，在七月二十日大陣仗出海航向太平島，並搭載中資鳳凰電視臺的三名記者隨行報導。

搭載中資媒體，淪為中國活廣告

船隊在七月二十五日深夜行抵太平島。

其中，搭載三名記者的海吉利號因未於四十五天前依法申請，不得登島，只能停在太平島港口外五百公尺的停泊區，其他三艘船則以「緊急避難」為由，申請停靠，並在補給淡水、獲贈早餐及罐頭後，於七月二十六日上午返航，三十一日返抵屏東。

最後，縱然活魚運搬船「海吉利號」擅自變動航線，有違法之嫌，但農委會漁業署考量《漁業法》本身規範不完備，認定此行基於「愛國心」而非故意觸法，最後只給予行政指導，沒有開罰。

不過，臺大《國際法》教授姜皇池批評，當時的現實狀態是太平島未遭他國攻占，漁船也沒因在太平島周邊海域作業而遭他國干擾，只有中國一再要求臺灣配合，以便和其他各國相對抗。海吉利號的行為，既非替臺灣捍衛主權，也不是為漁民爭權益，而是做中國的先鋒、做逼迫新政府接受中國指揮、逼迫臺灣與民主聯盟對抗、讓臺灣在國際社會更為孤立的先鋒。

原住民是最核心的滲透目標

原住民早於漢人定於在臺灣數千年，是與漢文化迥然不同的南島民族，自然不是所謂的「炎黃子孫」。中國為了取得統治臺灣的正當性，對於臺灣的原住民，從立委到部落，都是積極統戰、滲透的對象。

早在陳水扁執政期間，中國就密切接觸原住民。

陸委會曾於二〇〇八年委託政大東亞所執行「中共對我原住民統戰作為之研究」。報告指出，中國老早就將高山族列為少數民族。對原住民的統戰，由統戰部規劃政策，國臺辦負責執行，國家民族事務委員會協助推動，藉以爭取原住民反臺獨的立場、增加對中國的好感，再透過學術研究論證原住民與中華民族的血緣關係。

中國積極統戰，贏得原住民菁英的好感

中國對原住民的統戰模式以文化教育交流為主。定期交流的部分，自二〇〇三年開始舉辦少數民族發展研討會，還有二〇〇二年開始舉辦的中秋聯歡會，皆由前原民會主委華加志領軍。

中國統戰的最大成效就是「讓原住民對中國的印象從陌生轉趨友善」；而對中國而言，原住民立委是最核心的統戰對象，因為即便他們落選，其政治菁英的地位仍不易被消滅。例如，立委高金素梅所率領的團隊，就以「中國少數民族」名義，出席二〇〇八年北京奧運開幕式。

二〇〇九年年十二月，中國在北京舉辦「臺灣少數民族歷史文化展」，是首度系統性地舉辦臺灣原住民族文化及歷史的主題展覽。當時的六位民選原住民立委，包括孔文吉、簡東明、廖國棟、高金素梅、林正二等五人，連同十四個原住民族的長老、頭目，組成五百人的龐大參訪團出席。

廖國棟：臺灣原住民在中國有三個媽

而在二〇一〇年十二月舉辦的「臺灣少數民族歷史文化展」，廖國棟就於歡迎晚會致詞時露骨地說：「我常常說，我們來大陸有三個媽媽，第一個就是國家民委（中國國家民族事務委員會），他們是關於全國少數民族事務的總管。第二個媽媽是中華全國臺聯（中華全國臺灣同胞聯誼會），他們主管全國臺灣同胞的服務及福利事項；第三個媽媽就是臺辦，他們最年輕，但是最有財力，也是最有服務的能力。」廖國棟甚至表明，臺灣的少數民族，是中華民族的重要成員。

原民會也自二〇一二年起編列兩岸交流經費，其中就指名要拜訪廖國棟所謂的大媽——國家民委。

國民黨原住民立委簡東明則於二〇一二年八月，率領以屏東縣獅子鄉公所為主的臺灣少數民族代表團，前往中國海南保亭縣出席「海峽兩岸交流基地」辦公樓啟用儀式，簡東明還代理因天秤颱風而在臺坐鎮的獅子鄉長孔朝，與中國保亭縣保城鎮簽字，締結為海峽兩岸民族友好鄉鎮。

作為黎族、苗族自治縣的保亭縣，則於二〇一一年獲國臺辦批准，成為具少數民族交流為特色的「海峽兩岸交流基地」。

原住民被洗成炎黃子孫？

二〇一五年四月，新黨主席郁慕明更首度率領二十餘名臺灣原住民青年，前往中國陝西參加「清明公祭軒轅黃帝典禮」。

即便是馬政府的原民會主委林江義在立法院被詢及此事時，也表示：「勉強說原住民是炎黃子孫，會產生把南島與漢藏語系混在一起的感覺，讓人見笑，不同意中國官方把高山族列為中國少數民族，也不認同原住民前去祭拜黃帝之行為。」

二〇一六年民進黨執政後，中國進一步鎖定基層村里、青年、學生、中配、原住民、親中政黨與政治團體、宗教宮廟、同鄉宗親、農漁會及退將等，成為統戰的十大目標。

二〇一七年八月，國民黨高雄市黨部副主委林國權就邀三十六名鄒族、泰雅族原住民，前往中國湖北恩施土家族苗族自治州恩施市參加「相約女兒會·鄂臺少數民族手牽手」活動。

嘉義縣阿里山鄉婦女會理事長賴美枝，更趁阿里山鄉長杜力泉轉往中國青海參訪時，逕自與恩施市太陽河鄉締結「兄弟鄉鎮」，引發社會一陣譁然。

莫拉克忙救災，中國趁火打劫

發生於二〇〇九年的莫拉克風災，是臺灣繼九二一大地震以來最嚴重的天災——當時也是馬英九執政後，兩岸關係升溫的時刻。面對這場天災，中國也是透過各種方式統戰、滲透臺灣，甚至影響臺灣政府的救災決策。

二〇〇九年八月八日莫拉克颱風襲臺，帶來史無前例的降雨量，重創整個南臺灣。美國、日本都在第一時間表示願提供協助。中國國臺辦則於八月十日發函告知中國國民黨，中國願對臺灣的需求及意願提出援助，但禁止臺灣接受外援。馬政府的府院黨五人高層會議當天只用二十分鐘，就全盤接受中國的索求。

國共密議，馬政府下令臺灣拒絕外援

因此，縱使美國官員已在八月十日告知駐美代表袁健生，願意提供物資與協助；美國國務院也在八月十一日的記者會表明，美軍已待命救援，將就臺灣的任何需要盡力協助。外交部卻違反常理地在八月十一日以「特急件」電報，通令駐外各館處，「倘駐在國政府或民間欲提供救援物資或派遣救援團隊，請貴館處予以婉謝。」

馬政府全面配合中國索求，拒絕外援的訊息曝光後，除了引發社會的不滿，也引發美國的強烈關注。因此，雖中國多次主動要求提供「全世界最大型的 Mi-26 直升機」來臺協助，馬政府也不敢接受。最後是由美國派遣兩架次 KC-130 運輸機載運物資，丹佛號兩棲船塢運輸艦搭載 MH-53E、MH-60S 直升機各兩架，出勤75架次協助運送物資及機具到災區。

美國介入，擊退中國的滲透

中國這波企圖藉重大天災滲透馬政府的外交操作，因美國的全面反擊而失敗，於是轉而統戰原住民。立委高金素梅在八月十九日率一名原民會族群委員、一位鄉長、兩位鄉代會主席、六位鄉代、兩位村長、三位地方原住民行政機關公務員共八十七人的「臺灣少數民族代表團」前往中國北京，尋求中國協助。不但獲得中共總書記胡錦濤的接見，中國國臺辦還當場捐贈二千萬人民幣，供高金素梅發放給「臺灣少數民族家庭和同胞」。

因這筆錢並非從國內募得，不受當時的《公益勸募條例》監督，也無須申報，內政部也管不到高金素梅要如何運用。

高金素梅收受中國資金，引發孔文吉質疑

國民黨籍的原住民立委孔文吉公開質疑高金素梅，為什麼有些部落的災民領得到、有些災民卻領不到？發放標準為何？會不會只發給「幫忙高金素梅」的

人？更抨擊「不要把胡錦濤的善款用到選舉用途」上。

內政部事後有為此提案修正《公益勸募條例》，對重大災害後、未發起勸募活動但接受境外主動捐贈財物之非營利團體，建立監督管理機制。不過草案在送進行政院之後卻無下文，最後終究未能完成修法。

宣稱捐助五十一億元，實際僅三十一億六千元

就連中國對臺灣的捐款，馬政府也能配合統戰。馬英九在二〇〇九年九月七日出席全國追悼大會時，哽咽感謝中國當局及民眾捐款五十一億元臺幣，行政院長吳敦義、陸委會主委賴幸媛也曾公開表示，中國對臺捐款五十一億元。

不過，行政院莫拉克災後重建推動委員會在災後兩週年的二〇一一年八月提出報告，中國善款金額為三十一點六億元，與當年宣稱的落差將近二十億元。

吳敦義則解釋，三十一點六億元只是實現數，尚未實現的未能於列報款項中顯現出來。

農技種苗「流」不住了

二〇一八年，日本傳出有中國人結合日本的畜農和餐飲業者，意圖盜取和牛精、卵輸入中國，日本農林水產省隨即像如臨大敵般對走私者提出刑事告訴。

然而，在臺灣因為中國的積極滲透與竊取，各種農漁產品的種苗、技術，早已全面流向中國，反過頭搶食臺灣市場。

早在政府一九九五年公布《大陸地區專業人士來臺從事專業活動許可辦法》後，短短十年間就有五千人前來臺灣，並以民間身分掩飾其官方背景，逐步偷走臺灣的農技。

中國大量成立農業特區，吸引臺灣資金、技術、品種

中國也自一九九七年起，在各地設立「兩岸農業合作試驗區」。二〇〇六年另創「臺灣農民創業園」，以土地、租稅和融資優惠，吸引臺商前往投資。截至二〇〇九年底，赴中投資農企的臺商已逾六千家、金額約七十二億美元。

中國海南省臺辦就在二〇〇六年十月，國民黨與中共在中國海南博鰲舉辦首屆「兩岸農業合作論壇」的前夕，大張旗鼓地公告，臺資已引入八十餘類、五百餘個優良種苗，光水果的種植面積就廣達一百三十萬畝，年產百萬噸。

馬英九執政時期，農委會捐助成立的財團法人農村發展基金會董事長葛錦昭，也頻頻前往中國洽談「遙感探測高科技應用」等十三項合作，並對柑橘生產、糖業、水稻和玉米科技、漁業、畜牧業等，達成交流與合作意向，將臺灣農技大批移轉至中國，馬政府甚至一度想開放臺糖以技術入股的方式，前往中國投資蘭花種植。

馬政府不設防，助長農技輸中

朱立倫的岳父高育仁創立並自任董事長的「二十一世紀基金會」，在找來前農委會主委孫明賢擔任執行長後，更大舉協助中國十四個省市區，建設二十九個「臺灣農民創業園」，並與福建、江蘇等省簽署農業合作交流協議。

農委會在二〇一〇年十一月赴中考察「臺灣農民創業園」後，發現中國有步驟的引進臺灣農業優良品種、人才、技術，促進本身傳統農業的升級與轉型——茶葉品種與製造技術已全套外流，部分茶葉透過轉口越南、小三通以及貨櫃夾帶回銷臺灣。

蘭花的小、中、大苗及管理技術均源自臺灣，包括：金鑽鳳梨、黑珍珠、香水蓮霧、荔枝、筆柿、紅肉火龍果、鳳梨釋迦、紅龍楊桃、愛文、玉文及金煌芒果等作物，不但品種來自臺灣，還打著臺灣水果的名義在中國販售。

中國傾銷，吞噬臺灣市場

就連臺灣引以為傲的龍膽石斑，也因不少養殖業者前往中國，並有中國業者高薪聘請臺灣退休的技術人員，現已改良出龍膽石斑和老虎斑雜交的龍虎斑，導致臺灣石斑魚出口值在二〇一四年曾經達五十八點五億元，後因龍虎斑回銷臺灣，造成臺灣石斑魚價格自每斤三百二十元高價，滑落至每斤七十元。二〇一六年的出口值更腰斬至二十九億元。

而馬政府在二〇一〇年六月與中國簽署的《智慧財產權保護合作協議》僅保護新品種，只要是超過四年的農漁品種，均不受保護。

臺灣農漁品種和技術大舉流入氣候條件與臺灣類似的中國後，中國得以低成本大量生產，搶食臺灣的外銷市場。包括臺灣蝴蝶蘭的美國市場、毛豆的日本市場，都被中國所侵奪。

根據日本與美國海關的統計，臺灣一九九二年在日本市占率還有百分之七點三三，到二〇一〇年已遽降至百分之一點四九，中國則從百分之七點八大幅成長至百分之十三點零五，臺灣在美國市場的市占率也從百分之一跌至百分之零點三九，中國則從百分之二點五五增至百分之五點八二。

中國一條龍，臺灣旅遊業沒賺頭

馬英九總統二〇〇八年上任後，規劃開放中國觀光客來臺，以落實每日三千人、每年六百億元商機的競選承諾。

不過在執行多年後，雖然確實有大量中客來臺，但連行政院長江宜樺也在二〇一四年六月底「開放中客觀光滿七週年」時坦承，中國旅遊公司或團體有計畫採「一條龍」的經營方式壟斷，讓大、小三通、中客來臺的效益大打折扣。

大量低價團搶客，團費標準形同虛設

臺灣在二〇〇八年七月正式開放中國觀光客來臺旅遊，初期考量觀光品質，交通觀光局訂下每日團費八十美元的標準。然因中客的消費力不足、旅行社低價搶客等因素，實際上的團費都遠低於此數，觀光局因而在二〇〇九年三月將每日團費降至六十美元。但現實狀況卻是充斥三十美元以下的超低價團，甚至頻見零團費的例子。

因為低團費，所以旅行社必須安排大量的購物行程，靠佣金來彌補虧損。然而，無法在臺灣經營旅行社的中資，卻結合港資或透過人頭，實質影響在臺接待中國團的旅行社，安排特定的飯店、購物店、遊覽車，形成中資一條龍的模式，賺走大多數的中國觀光財。

特別是中國過去對於奢侈品課徵百分之二十到百分之三十五的高稅率，以致中國人總趁出國時大量採購奢侈品。在臺灣的最鉅額消費也是購買珠寶、手錶。而這些中客會光顧的珠寶行、手錶店，多為港資（中資）。

例如曾有位中客，在二〇一一年六月在高雄珠寶店豪擲二千四百萬元，買下十一點八八克拉的鑽石，就是港資所經營的。臺灣能賺的，只剩利潤非常微薄的住宿、飲食及國產商品。

中港資一條龍壟斷，臺灣沒賺到錢

江宜樺因此在二〇一四年六月底鬆口表示，中國旅遊公司或團體有計畫採「一條龍」的經營方式壟斷，讓大三通、小三通、中客來臺的效益大打折扣。交通部長葉匡時接著於二〇一四年九月坦言，許多臺灣接待中國客的旅行社，雖多是臺資，但確實受到中資或港資影響，要求把旅客帶到「特定的購物店」——中客會去的購物店有兩百多家，其中具中資或港資背景的就有四、五十家。

甚至連前中國國家副主席曾慶紅的姪女曾寶寶，她擁有的花樣年控股集團，也在臺灣獨資設立「臺灣花樣年開發」，於二〇一五年向國泰集團租下臺北市南京東路三段的原和成大樓，開設「臺北有園飯店」，成為首家純中資飯店，鎖定消費能力更高的自由行中客。

當大量中客已改變臺灣的產業環境後，中國官方則不時藉控制團客的數量、行程，獎懲臺灣各級政府，進行政治操作。

政治介入，左右中國團客流向

二〇〇九年十月，中國國臺辦就因高雄市政府邀達賴喇嘛來臺，為八八水災災民祈福、播放熱比婭紀錄片，就高分貝痛罵高雄市製造事端，衝撞中國核心利益，還嗆聲「這可能對中客到高雄旅遊造成傷害」，就連馬英九也不得不在國內的壓力下，親自前往高雄行銷觀光。國臺辦不得不在兩週後改口，不存在主管部門限制中客去哪的說法。

蔡英文二〇一六年當選總統後，中國又大幅減少團客來臺的數量。直到國民黨在二〇一八年底勝選後，中國旅遊局隨於二〇一八年十二月定調，將全力挹注資源在國民黨新執政縣市，更明言「行程一定要到高雄」。

然而，中國文化和旅遊部還是在二〇二〇總統大選半年前的二〇一九年七月三十一日宣布，自八月一日起全面停辦中客赴臺自由行簽證。

從契作到一無所有的虱目魚

虱目魚是臺灣的原生魚種，養殖歷史悠久，平價又受歡迎，堪稱是最具臺灣特色的水產品。虱目魚因此被列入兩岸經濟合作架構協議（ECFA）的早收清單，國臺辦還透過中華統一促進黨在臺南市學甲區實施虱目魚契作。

然而，終因虱目魚不受中國市場的歡迎，在民進黨執政後就成絕響。

虱目魚契作的淵源要從國民黨主席連戰在二〇〇五年赴中開啟「國共論壇」說起，當年仍是立委的李全教，成為連戰團的基本班底，而曾隨「白狼」張安樂闖蕩江湖的學甲鎮代會主席王文宗，因參與「紅衫軍倒扁運動」招致民進黨反彈後，決定棄政從商，設立學甲食品公司。

李全教的中國人脈與王文宗的養殖漁業人脈一拍即合，讓學甲虱目魚搭上ECFA的「首航列車」，直通上海。

親中政客牽線，促成虱目魚契作

二〇一〇年八月二十三日，也就是在ECFA簽署後、生效前夕，中國海協會副會長鄭立中前來學甲與漁民進行面對面座談。李全教當場提出「契約養殖」，鄭立中承諾會與漁民進行虱目魚契作，用每臺斤高於市價十元的價錢購買。二〇一一年三月，共有一百戶漁民簽署《虱目魚契作合約》，以每臺斤四十五元收購三百萬臺斤（一千八百噸）虱目魚，每戶上限為三萬臺斤，出貨期為二〇一一年八月到二〇一二年三月。二〇一二年增至一百二十戶、共三百六十萬臺斤（二千一百六十噸），自二〇一二年十月起出貨。

為了拉攏養殖戶對中國的好感，李全教就在二〇一二年底的契作聯誼餐會，當場致電給鄭立中，洽談翌年的契作及虱目魚加工廠問題，鄭親口答應「將魚鬆工廠設在學甲」及增加契作養殖戶。

就連中國國臺辦副主任龔清概於二〇一四年八月訪臺時，還特地前來學甲了解契作虱目魚收成情形，並參訪加工廠預定地。

然而，每臺斤四十五元的契作虱目魚，加上運輸、包裝、倉儲等費用，在中國市場的成本已逾每公斤一百元，加上虱目魚多刺，不符中國人的飲食及消費習慣，以致大量契作虱目魚只能堆積在上海、高雄的倉庫裡。

契作價格愈來愈低，虱目魚打不進中國市場

二〇一三年的契作量維持在三百六十萬臺斤（二千一百六十噸），但價格則降至每臺斤四十二點五元；二〇一四年原定再降至四十點五元，最後敲定四十一元；二〇一五年進一步降至四十元。

二〇一六年初，臺灣遭遇超級寒害，重創虱目魚苗。每臺斤四十元的契作價遠不敷成本，順勢暫停一年，自此未再重啟，且原先承諾的虱目魚加工廠，也拖至二〇一八年六月、地方公職人員選前五個月才動工，預計於二〇一九年底、總統大選前竣工。

契作成效差，中國順勢喊停

綜觀臺南虱目魚實際契作的四年間，真正輸往中國市場的數量極為少數——上海超市貨架上的虱目魚零售價甚至低到每條僅約臺幣二十元，且還乏人問津。縱使是全臺虱目魚的銷中量，在二〇一五年更僅有十九噸，連契作量的百分之一都不到。

前四年累積數千噸的虱目魚，還可能低價回銷，恐衝擊臺灣市場。其實就臺灣虱目魚的國際市場而言，每年外銷量約一萬噸，且以美國、中東地區等為主，中國占不到百分之十。

臺南市養殖漁業發展協會理事長王昌澔就曾質疑：「既然虱目魚契作虧那麼多，為什麼還買？」政治意涵已經非常明顯。

攏絡民心，先收編神明

臺灣的宗教信仰多元且蓬勃發展，散落於各村里的宮廟，聯繫起基層的人際網絡，跨區域、大規模的宗教組織更是超越階級、黨派的社會力。缺乏宗教自由的中國，反以臺灣信仰發源地的地位，直接滲透臺灣的大小宮廟，盼能在無形中達成「兩岸經濟社會融合」的目標。

早期臺灣的聚落、城鎮，多圍繞在宮廟而發展，舉凡地方的大小事務，包括政治、經濟、治安及救助等，都與以宮廟為核心的人際網絡息息相關。日本統治臺灣後，強化清代存續的保甲組織，搭配全面落實的戶籍制度，設置甲長、保正，作為政府的基層行政輔助單位。自此，保甲制度結合宮廟，就是地方政治不可或缺的力量。

宮廟網絡就是最基礎的人際信任圈

國民黨在戰後接收了這套系統，成為鞏固地方政治的工具。但隨著臺灣社會民主化、本土意識強化，國民黨難以繼續投注龐大的資源，去維繫這套投資報酬率並不高的體系。

不過對於中國來說，他們需要在臺灣尋找信任圈，釋放中國的消息——與中國有文化聯繫，本身還有豐厚人際網絡的宮廟，就是最好的目標。

早在臺灣剛解嚴時，大甲鎮瀾宮就率先突破層層限制，直接前往中國福建省莆田市的湄洲媽祖祖廟進香，成功拉抬自己的地位。鎮瀾宮進而要求北港朝天宮澄清「大甲媽祖不是北港分靈」，未果，因而自一九八八年起，改往新港奉天宮「遶境進香」。

中國主導，媽祖信仰成宗教統戰核心

隨著臺灣各地的媽祖廟紛紛前往湄洲進香，中國也順勢據此作為統戰的核心。包括「弘揚媽祖文化，促進兩岸交流」成為莆田市政協的重要工作，湄洲媽祖廟的董事長直接由莆田市政協主席出任，莆田市臺辦官員則出任董事。

中國並於二〇〇四年十月在湄洲設立中華媽祖文化交流協會，由中國全國政協副主席張克輝擔任會長，主動將臺灣五十八間知名媽祖廟列為理事。

中國沿海各省、市、縣也分別成立媽祖文化協會，推動境內的媽祖廟與臺灣各媽祖廟交流。

二〇〇八年馬英九就任總統後，隸屬於中國中央統一戰線工作部的國家宗教事務局，開始直接介入對臺灣的宗教滲透，宗教事務局長王作安、副局長蔣堅永也頻頻走訪臺灣基層宮廟。

海峽論壇，擴大宮廟全面交流

二〇二二年六月舉辦的第四屆「海峽論壇」，把以往數屆「著重在媽祖的宮廟交流」擴大為「兩岸民間宮廟敘緣交流會」，廣邀臺灣所有宮廟參與，以臺灣中南部為主的一百零六間宮廟受邀出席，並簽署《兩岸百家宮廟共同宣言》。

由於臺灣主流的民間信仰，包括媽祖、保生大帝、臨水夫人、開漳聖王、法主公、廣澤尊王、青山王等多來自中國福建，中國遂利用舉辦「海峽論壇」的期間，分別透過媽祖信仰與其他源自福建的信仰，廣泛進行宮廟交流互訪，每年規模均達數萬人、逾百間宮廟。

對於不是源自於福建的觀音、玄天上帝、關公、呂洞賓等主流信仰，國臺辦與國家宗教事務局也能指揮在中國的祖廟，主動與臺灣的知名宮廟交流、加持，大幅拉近中國與臺灣的距離。

學者示警，兩岸政治尚未統一但宗教已經統一

在中國超過二十年的綿密滲透下，宗教學者江燦騰形容，臺灣宗教界與中國的關係，比臺灣對中國的經濟依賴更深，政治未統一，宗教已經統一了。

臺北大學犯罪學研究所助理教授沈伯洋警示，「中國已經滲透以宮廟系統為基礎的信任圈，只要搭配內容農場、報紙和電視新聞，就能透過資訊戰影響基層的投票行為。」

第七卷

透過螢幕 滲透一家一戶

中國節目強行置入臺灣

臺灣在一九九〇年代大量對中國輸出影視文化。不過當中國經濟逐漸成長，並形成具有影響力的龐大市場後，反而用影視文化回頭滲透臺灣。從「中國歌曲排行榜」（簡稱中歌榜）、「我是歌手」、「中國新歌聲」等三個節目，恰恰反映中國對臺灣的逐步滲透。

中國北京音樂廣播電臺的「中歌榜」節目在中國極受歡迎，原定在二〇一二年十二月二十九日於臺北小巨蛋舉辦第二十屆頒獎典禮。然而，「中歌榜」未待陸委會、文化部、內政部移民署完成審查，就搶先在二〇一二年十一月二十九日逕自宣布頒獎典禮將移師臺灣。

「中歌榜」自行宣布舉辦頒獎典禮，最後改辦演唱會

甚至中國北京的旅遊業者凱撒，還以「中歌榜特約合作夥伴」的名義，推出「臺北樂章臺灣五日跨年之旅」、「樂舞歡歌臺灣香港六日跨年之旅」、「寶島印象八日環島之旅」，均將《中歌榜》頒獎典禮列入行程，並開放網路預訂。

由於「中歌榜」的獎項分為「內地」、「港臺」兩組，已矮化臺灣地位，加上逕自宣布更侵犯臺灣政府的公權力。馬政府在外界強烈的關注下，不敢於十二月四日的聯合審查會予以准駁，只請主辦單位補件。

再於十二月十一日的聯審會提出「二禁止、二規定」的放行條件，禁止活動名稱使用「第二十屆」、取消頒獎典禮，活動改稱為「群星匯—臺北演藝經紀文化交流協會年度盛會—中歌榜群星演唱會」，主持人需有臺灣演藝人員，並使用臺灣用語。

最後「中歌榜」在臺灣人民的抗議下，如期舉辦演唱會。但中國《新浪網》當晚同步公布得獎名單，主辦單位另設「答謝宴」，布置後臺給得獎者的補充感言，變相偷渡頒獎典禮。

臺灣新聞臺變相直播「我是歌手」總決賽

接著，中國湖南衛視歌唱節目「我是歌手」在二〇一三年四月十二日舉辦總決賽，包括中天新聞臺、東森新聞臺均以轉播新聞的名義，未經核准就同步直播。東森當天就頻以跑馬燈預告，將用新聞連線進行「特別報導」，在晚間七時半到十一時半，以超過百分之四十的時間進行直播；加上相關新聞，整體播送比率達百分之七十二點七五。TVBS則占百分之三十九點三七、TVBS News占百分之二十一點六一、中天新聞占百分之十八點五六。

雖然國家通訊傳播委員會初步認定，部分新聞臺長時間播放娛樂節目，不符其營運計畫內容，可能損害觀眾收看新聞權益，涉違《衛星廣播電視法》規定，但最後並未予開罰。

「中國新歌聲」巡迴臺灣校園演出，在臺大踢鐵板

而早在二〇一〇年四月，臺北市與中國上海市首度舉辦「雙城論壇」，雙方

簽署《文化交流備忘錄》，二〇一四年六月再簽署《藝術節交流備忘錄》，促成浙江衛視的「中國好聲音」（後改稱為「中國新歌聲」）來臺演出，直到柯文哲當選市長後，該節目自二〇一五年起，連三年陸續在臺灣校園演出。

原定於二〇一七年九月二十四日舉辦的「二〇一七中國新歌聲：上海．臺北音樂節」演唱會，主辦單位向臺大申請租用田徑場五日，後再增租二日，未獲臺大同意；無黨團結聯盟立委高金素梅因而向臺大「表示關切之意」，最終同意租用七日。

但因出租期間已經開學，影響臺大學生使用田徑場的權益，會場布置又損傷田徑場跑道，引發學生的反彈。在九月二十四日演出當天，包括中國上海市臺辦主任李文輝、副主任王立新、新黨主席郁慕明及高金素梅皆到場觀看。場外則有兩百餘名學生進行抗議，並與愛國同心會、中華統一促進黨成員爆發零星衝突——臺大校方隨停止借用場地，活動因而提早結束。

散場時，更有多名統促黨人士對抗議學生發動暴力攻擊，造成三名同學遭甩棍打傷。包括在場指揮施暴的統促黨總裁張安樂之子張瑋，以及統促黨成員胡大剛、王啟鑌等多人，事後均依傷害、恐嚇等罪遭判刑。

從在臺演出，搭配中國的網媒偷渡揭露遭禁制的資訊、到臺灣的新聞臺假報導名義，直播未經申請的中國節目，最後更是動員在臺的政治、組織勢力，替中國節目圍勢。

從中國影視節目在臺灣的演出與播放，就看得出中國對臺的步步進逼。

中國政府打廣告，臺灣媒體當「三七仔」

中國各級政府為了吸引臺灣資金、人才的流入，在馬英九總統二〇〇八年上任後，就積極在臺灣各大媒體上刊登廣告。

不過包括中國的房地產、招商等廣告，始終遭《大陸地區物品勞務服務在臺灣地區從事廣告活動管理辦法》所禁——雖曾有國民黨立委試圖修法，全面鬆綁中國廣告，但在民進黨立委的強烈反對下，終究難以得逞。

迴避違法爭議，中國廣告化身專題報導

因此，即便是高度親中的馬政府，只要有人對違規廣告提出檢舉，陸委會也不能裝聾作啞，必須被動處置。

為了規避查察，中國各級政府的招商廣告紛紛改頭換面，另以專題報導式的「專輯」，配合中國各地區的首長、副首長來臺訪問期間，堂而皇之地登上媒體版面。依民進黨立委邱議瑩的統計，光二〇一二年十月到二〇一三年一月的短短四個月期間，就有一百五十則這類的置入性行銷（廣告）。

究竟中國各層級的地方政府，何以如此神通廣大？都能最恰當的時間點，在臺灣媒體的最醒目版面刊登廣告？

旺中在北京設點，代理中國各級政府的置入性行銷

監察委員吳豐山在二〇一〇年十一月十一日提出調查報告，揭破這個謎團。吳豐山當時對著媒體出示一份合約書指出，「旺旺中時」設在中國北京的公司，

專門招攬中國官方的廣告業務，再轉包給國內其他媒體，價格常是行情價的兩倍以上；而這份《中國時報》與《聯合報》的契約就載明「付款方式，以匯款方式支付」，顯示中國直接透過旺中，以金錢購買新聞，進行置入性行銷。

二〇一二年三月下旬，中國福建省長蘇樹林來臺，《中國時報》同樣大篇幅刊登福建省、廈門市的置入性行銷。民進黨立委李俊俋、姚文智隨即召開記者會，公布名為「二〇一二福建省長訪臺宣傳計劃」的文件，載明蘇樹林來臺灣的五天行程、版面安排、重點採訪事宜和刊登日期，負責報導的媒體就是《中國時報》；三月二十四日、二十五日和二十六日的行程，則另有「廈門外加預算」。

例如三月二十四日的廈門外加預算，其重點明確列出：「當天中午在臺中公園舉行開幕儀式，敬請派記者採訪，現場麻煩請記者找陳相華處長（廈門市政府新聞處長）稍作溝通」。

福建省、廈門市聯合置入露餡，中時挨罰四十萬元

李俊俋還公開播放《新頭殼》記者佯稱「中國時報管理處人員」，詢問陳相華如何請款的電話錄音。陳相華在錄音中明確答覆，《中國時報》在北京的代理商有份協議，廈門這邊簽好協議後，中時也蓋好章、傳來發票，就會匯款到指定帳戶。陳相華還強調，以前也是這個模式。

由於違法事證太明確，陸委會在二〇一二年四月多次舉辦跨部會議，討論中國地方政府違法對臺灣置入性行銷的問題，最後在五月二十二日裁處中時四十萬元。

旺中集團的《旺報》為此在四月二十四日，透過社論批判臺灣現行法令對中國廣告登臺之相關限制為「荒謬跟不上時代」，並辯稱，如果沒有宣傳，臺灣民眾如何得知中國各地方首長來臺？就是因為法令不允許，媒體才採取變通的方式規避法令，也是情非得已。

國臺辦發言人范麗青隨於四月二十五日呼應，臺灣當局應該多臺灣媒體的意見，儘早修改不合時宜的規定，以適應兩岸交流的新形勢。

除了透過旺中的北京代理商在臺灣媒體置入行銷，中國也不忘拉攏《聯合報》。早在旺中崛起前的二〇〇六年四月，《聯合報》就獲得中國國臺辦專案特許，可由臺北製版，透過《南方日報》東莞印刷廠代印。中國甚至默許聯合報偷跑，在中國聘用中國記者，專門配合中國各級政府撰寫置入行銷稿，在臺刊登。

社區飯店電視，盡是中國頻道

臺灣因為開放中國觀光客來臺旅遊，配合中客的需求，飯店旅館慢慢充斥中國的電視頻道。隨著中國有計畫推動，「長城平台」打著免費收看的口號，直接將十餘個中國衛星頻道打入臺灣各社區。

臺灣的飯店業者為了吸引中國觀光客，在二〇〇八年七月開放中客來臺後，陸續透過頻道公播業者，引進中國電視頻道。

中國頻道自成封閉系統，襲捲各飯店

播放方式是由臺灣的特定科技公司，取得中國各電視臺衛星頻道的授權，再以免費試播的方式，提供給頻道公播商。飯店只要與頻道公播商簽約，就能在固定的頻道，播放廈門衛視、深圳衛視、安徽衛視等節目，因為這是限於飯店房間才能收視的封閉系統，不屬於國人熟知的有線電視系統，故不受《衛星廣播電視法》規範。

臺北市觀光傳播局就曾於二〇一一年坦承，不只中國中央臺、鳳凰衛視，在喜來登、晶華、國賓、圓山等各大飯店，包括廈門衛視、深圳衛視、湖南衛視等中國的地方頻道，皆一應俱全。許多旅行社還以「能夠看到與大陸同樣的節目」作為宣傳，招攬中客。

另外，業者也能在屋頂上私接「小耳朵」，收取中國衛星頻道的訊號，在國內公開播放。

長城平台主打社區用戶，提供完整中國頻道

為了更積極拓展中國的電視頻道，中國中央電視臺與各地方電視臺於二〇〇四年共同成立的「長城平台」，也在二〇一一年大舉進軍臺灣各社區。「長城平台」透過臺灣的子公司，向國內使用共同天線的社區推銷；只要申請安裝，就能免費裝設衛星天線、調變設施，乃至包辦未來的維修；「長城平台」至少免費提供中國中央電視台的第四、第九、戲曲頻道以及湖南衛視、廈門衛視、江蘇衛視、南方衛視、北京衛視、東方衛視、海峽衛視、深圳衛視。光在二〇一一年，就有包括汐止瓏山林、伯爵山莊、林口國宅、成功國宅、天母新光傑士堡等超過四百個大型社區裝設「長城平台」。

假新聞，逼死外交官

中國對臺灣滲透最為嚴重的面向，在於透過媒體、網路，在臺製造層出不窮的假新聞，掀起各種民怨，甚至導致駐日本大阪辦事處長蘇啟誠輕生自殺。曾派駐北京的美國在臺協會處長酈英傑就曾於二〇一八年十月三十一日公開表示，臺灣確實站在中國不實訊息與論戰的第一線。

日本關西機場在二〇一八年九月四日遭受燕子颱風重創，聯絡橋因貨船撞擊而毀損，無法通行鐵路（九月十八日搶通），公路僅剩北側車道可供使用。當時約有三千名旅客受困機場。九月五日上午，關西機場確認聯絡橋北側車道安全無虞後，開始調度巴士以管制通行的方式疏散旅客。

中國造假新聞，聲稱派遣巴士進關西機場救出中國旅客

而為疏散七百五十名受困的中國旅客，中國駐大阪總領事館協商關西機場派出六批巴士，將中客載往機場對岸的泉佐野市，再轉運至大阪市中心。

但中國媒體、內容農場卻紛紛透過剪接、竄改的方式製造假新聞，聲稱中國優先派遣巴士救出中國旅客。包括部分搭上便車的臺灣遊客也不明究理地認定，這就是中國政府派遣的專車，進而上網發文傳播。

假訊息透過批踢踢、LINE、社群軟體快速散播，包括批踢踢最早出現的惡意貼文其IP就來自中國北京。臺灣媒體自九月五日中午開始，大肆報導此事，部分親中電視臺、名嘴，更是藉此全天候砲轟蔡英文政府、駐日代表謝長廷，多數網路評論也朝向辱罵臺灣外館，頌揚中國處置的方式。

臺灣親中媒體、名嘴、政客全面砲轟政府不力

國民黨立委江啟臣、曾銘宗及陳宜民，更據此於九月六日上午召開記者會，

大罵駐日館處對於臺灣旅客的求助漠不關心、袖手旁觀，並要求外交部查辦相關人員處理態度，追究相關責任。

即便外交部、日方均一再澄清，中國派遣巴士進入關西機場是不實訊息，但部分政媒勢力仍不斷苛責蔡政府。甚至中國國臺辦還在謊言被戳破後的九月十二日記者會繼續誇稱，在當時這樣一個危難的關頭，誰在默默地為臺胞做事，誰卻在推諉卸責、造謠誣衊，清者自清，濁者自濁。

以致蘇啟誠留下遺書，提及自己因關西機場封閉後的因應措施飽受批判，為此耿耿於懷，於九月十四日上午在大阪府豐中市自宅自戕身亡。

蘇啟誠不滿遭不實訊息批判，輕生身亡

旅日臺僑王輝生事後透露，蘇啟誠生前就對臺灣媒體不聽解釋感到無奈。旅日臺僑律師張雅孝也說，蘇啟誠生前曾約好在九月十四日見面，希望能追查出假新聞的來源。

蘇啟誠輕生後，引爆臺灣社會對「中國假新聞」的反彈。國臺辦隨於九月二

十六日的記者會改口，說是總領事館和關西機場協商派了六批巴士，把中國旅客從機場接到外面的集結地，再派接駁巴士把旅客運到大阪市區。

諷刺的是，蘇啟誠輕生隔日，網路再流傳新的假新聞，指稱蘇啟誠在風災期間忙著接待訪日的屏東縣長潘孟安。

中國造假，國際認證

屏東縣政府也不得不立即澄清，屏東縣政府早在二〇一七年就規劃大阪觀光推介會，雖遇颱風侵襲，因日方已邀請百餘名旅行業者參與，才依原訂行程出發。九月四日得知關西機場關閉，潘孟安在僅由一名秘書陪同下，於九月五日搭機前往東京成田機場，耗費近五小時抵達大阪，才在晚宴與蘇啟誠碰面不到一小時；直到九月七日清晨前往名古屋機場搭機返臺，未再和外交部人員接觸。

無國界記者組織（RSF）於二〇一九年三月發布的《中國追求的世界傳媒新秩序報告》，直指本案的「謠言肇始者」就是中國政府——由位於中國的「內容農場」流出謠言後，經中國媒體《環球時報》與《觀察者網》的宣傳、臺灣社群討論版的大肆流通，臺灣媒體也在未經核實的情形下，大量轉載，讓不實資訊不斷被擴散。

國安局更在二〇一九年五月二日於立法院證實，中國正在複製俄羅斯併吞克里米亞的模式，散播爭議訊息來對臺灣進行「認知作戰」，包括加工臺灣的新聞事件後「回銷」臺灣，或是捏造及擴散不實訊息等。其中，中國也會指導在臺的「同路媒體」，透過特定報導內容分化臺灣的向心力。

國安局更坦承，確實有臺灣的媒體，連社論都會先傳真給北京看。

假訊息，已是日常生活

現在的網路時代，只要打開電腦、手機，就是各種社群軟體、即時新聞平台，全天候散布各種訊息，完全不必有來源，也無從查證起。中國就靠操弄假訊息，全面滲透到每個人的腦海中。

中國大量製造的假訊息，起先出自「內容農場」，包括coco01、apple01、Bomb01、ptt01等，內容未必都是時事新聞，常以生活趣聞吸引閱聽者注意，趁機夾帶不實訊息，而被廣為引用、傳閱。在輾轉流傳的過程中，已無法回頭找出原來的出處或作者。

「內容農場」是假訊息的發源地

在蔡英文政府推動年金改革期間，就是「內容農場」假新聞透過「反年改社群」流竄最氾濫的時刻，例如「反年改社群」曾於二〇一六年八、九月間流傳一則來自中國論壇的奇文，指稱蔡英文擁有日本國籍，日名為「恰佳英子」，應比照李慶安辭立委的前例，宣告蔡英文當選無效。

二〇一七年七月，國內各大宮廟集結抗議政府準備「滅香」，起因來自國內某家網路媒體筆誤，將「減香」寫成「滅香」，雖事後及時更正，但已遭「內容農場」所採用，加上部分「內容農場」假造尚在內政部討論的「宗教團體法草案」已在立法院二讀的謠言，因此引發近百間宮廟的強烈反彈。

臺北農產運銷公司在二〇一八年二、三月傳出休市爭議時，因北農總經理吳音寧的父親吳晟曾公開支持年改，反年改陣營就不斷流傳，蔡英文為酬謝吳晟支持年改，聘任其擔任有給職國策顧問，月薪三十五萬元——然而真相是，現在所有總統府資政、國策顧問均是無給職的榮譽頭銜。

各種資訊都能造假，吳敦義也引用過

二〇一八年五月間，布吉納法索宣布與臺灣斷交後。中國「內容農場」就製造「宏都拉斯外長正在北京談條件，談妥的話，這兩天就會與臺灣斷交」的假消息，再貼上臺灣的 PTT，廣為流傳。

甚至連國民黨主席吳敦義也引述過「內容農場」的產品，抨擊蔡英文政府。吳敦義說，自己看過立法院民進黨團總召柯建銘叔叔的傳真，批判蔡英文上任後花一點二億元整修官邸、每年出訪南太平洋三次。柯建銘與民進黨責為此多次出面反駁，他的叔叔都過世三十年，相關內容當然都是假的。

隨著二〇一八年選舉將屆，假訊息的製作、傳播更為精良。國內傾中的在野陣營組織大量網路外包單位，大規模採用內容農場的假資訊當「攻擊彈藥」，透過臉書通路、封閉的 LINE 群組，讓假訊息量體如海嘯般快速、大量傳播。經在野陣營取材後，又能再形成新的假訊息，擴大傳遞。

例如蔡英文總統在二〇一八年八月前往嘉義勘災，為盡早抵達地點而乘坐高底盤大型軍卡及輪型甲車。相關照片馬上被斷章取義為「規避涉水」，隨即在社群網路快速發送，而且沒多久後就出現蔡英文規避涉水的「完整報導」、批判文章；就連中國官媒《環球時報》還以「特約記者」的方式造假報導，聲稱蔡英文勘災被罵作秀、「下去走會髒了名牌鞋」、是「女皇出巡」，相關內容再內銷至臺灣繼續轉貼。

臺灣中、南部則全面遭受「空污法修法消滅老車」的謠言攻擊，迫使蔡政府從上到下，耗費大量行政成本在澄清。

國安局：假訊息是中國解放軍部隊的系統攻擊

國安局長彭勝竹就曾於二〇一八年十一月在立法院坦言，假訊息的來源已從個別網軍，轉變成中國解放軍部隊的系統攻擊，且是解放軍戰略支援部隊，擔任假訊息的「農場」管理者。

國安局官員也證實，外傳中國解放軍戰略支援部隊有十萬人、網路攻擊部隊三萬人、總隊設於北京的訊息，「部分吻合」實情，藉操控假訊息進行「制腦權作戰」。

在二〇一九年四月，中國各地方政府在臺灣收購各大臉書粉絲專頁、培訓臺灣網紅的訊息曝光。來自中國四川的帳號寫明「內地四川政府單位希望培植一批政治立場鮮明的臺灣網紅」、要支持「兩岸友好／統一」，不要求流量與粉絲數，只要外貌美麗即可，培訓期間還提供五千元到一千元人民幣的薪資。

臺灣飽受假訊息攻擊，世界第一

臺灣各大臉書粉絲專頁也紛紛收到大量使用中國用語的私訊，表明想收購粉絲專頁的經營權。擁有超過四十萬名粉絲、著名的「我是中壢人」就透露，中國網軍開出七位數報價，希望能夠以「我是中壢人」大打資訊戰。

究竟中國假訊息滲透臺灣的情況有多嚴重？

根據瑞典哥登堡大學主持的 V-Dem 資料庫指出，臺灣在二〇一八年度「遭受外國假資訊攻擊」的程度，高居世界首位，過去被公認遭到俄羅斯假訊息嚴重侵擾的美國與烏克蘭，則分別位居第十三與十四名。

屢遭國際點名，旺中仍堅持親中

早在一九九二年就進軍中國建立「米果王國」的蔡衍明，二〇〇八年回臺收購橫跨報紙、電視、網路的中時集團，並於二〇〇九年整合為旺旺中時集團。因長期配合中國官方立場，而屢遭自由之家、美國國家民主基金會、無國界記者組織等國際組織點名批判。

以平面媒體起家的中時集團，二〇〇二年收購中天電視臺，二〇〇六年再收購中視，但也因財務問題而在二〇〇五年十月將《中時晚報》停刊，並於二〇〇八年六月大規模裁員，爆出財務問題。

蔡衍明向國臺辦報告收購中時集團

在中時集團傳出求售的訊息後，中國國臺辦就有意找人出資收購。最後由在中國建立「米果王國」、收益幾乎全來自中國的「旺旺集團」總裁蔡衍明於二〇〇八年十一月獨資買下中時集團。

旺旺集團在中國發行的《旺旺月刊》描述，中國國臺辦主任王毅在二〇〇八年十二月五日接見蔡衍明，蔡衍明向王毅報告收購中時集團的過程，並稱收購的目的就是希望「藉助媒體的力量，來推進兩岸關係的進一步發展。」王毅也回應，「如果集團將來有需要，國臺辦定會全力支持」。

蔡衍明也在二〇〇九年四月接受《財訊》專訪時，不諱言自己「確實要求中時員工不應批評總統與政府官員」，因為「公司老闆不好，你應該是離開公司，而不是批評老闆，馬英九就像是大家選出來的老闆，所以我覺得不應該批評。」

中時頭版批評陳雲林，總編隨遭調職

二〇〇九年十二月第四次江陳會期間，《中國時報》曾以頭版報導，海基會主管對於臺灣政黨領袖爭相會見海協會長陳雲林感到不耐，形容這是「A咖對C咖」。這讓馬英九總統、國民黨榮譽主席連戰、吳伯雄、親民黨主席宋楚瑜、海基會董事長江丙坤等藍營大老，搶攬中國代理權的烽火浮上檯面，更貶低陳雲林的地位。江丙坤事後連忙致歉，旺中集團更於二〇一〇年初調動人事，將《中國時報》總編輯夏珍與《時報周刊》社長王美玉互調職位。

自由之家於二〇一〇年四月公布的《二〇一〇年世界各國新聞自由度調查報告》，就直接點名蔡衍明——這位在中國具有龐大商業利益的商人在二〇〇八年十一月買下中時集團後，一連串為馬政府辯護的社論，讓人憂慮中國政府對臺灣的媒體自由，可能給予直接或間接的影響力。

蔡衍明還在《華盛頓郵報》二〇一〇年一月的專訪中提及，關於一九八九年天安門事件的屠殺報導不是真的，那位用肉身阻擋中共坦克車隊的抗爭人士沒被殺，而且也不可能有那麼多人死亡，並推崇中國很多地方非常民主，正不斷地向前邁進。此說引發社會譁然，旺中集團立即表明，這是《華盛頓郵報》斷章取義。

國際組織一再點名，中國對旺中有實質影響力

不過旺中集團也誤觸敏感的政治地雷。

旺中集團長期與曾任中國商務部部長、重慶市委書記的薄熙來關係良好，除了出版相關的專書外，也多次在社評將薄熙來案與陳光誠案相提並論，引發國臺辦的不滿。

國臺辦除了曾致電給旺中集團高層外，還通知主要幹部「都要前來北京出席研討會」，針對薄熙來案訓斥媒體主管。

美國國家民主基金會旗下的「國際媒體支援中心」，則於二〇一三年十月發布報告指出，因為中國國營媒體無法在臺灣發行或播出，中國就透過本地媒體影響臺灣輿論。

兩岸日益頻繁的交流，更讓中國有機會透過經濟關係，引導臺灣媒體的自我

審查。例如中時集團二〇〇八年被收購後，立場轉為親中，還在二〇一一年獲得中國補助十三點八億元。

而根據中國旺旺控股公司的財務報表，中國旺旺自二〇〇六年起均獲中國政府補助，分別是：

二〇〇六年：二千三百二十三萬四千美元、
二〇〇七年：一千三百六十九萬八千美元、
二〇〇八年：一千五百零五萬八千美元、
二〇〇九年：三千二百五十六萬美元、
二〇一〇年：三千一百一十二萬二千美元、
二〇一一年：四千七百四十一萬六千美元、
二〇一二年：四千二百七十萬三千美元、
二〇一三年：五千五百三十九萬四千美元、
二〇一四年：五千九百八十八萬四千美元、
二〇一五年：四億五千一百九十三萬七千人民幣、
二〇一六年：三億六千八百七十八萬九千人民幣、

二〇一七年、二〇一八年第一季：六億二千四百零六點六萬人民幣。等於自二〇〇六年到二〇一八年第一季，中國旺旺共獲得中國政府約新臺幣一百六十七億元的補助。

《蘋果日報》二〇一九年四月報導，除了旺旺中時，統一企業中國及康師傅也在《財報》揭露政府補助金，分別是一點五一億及一點六六億人民幣，但都不及旺旺中時的四點五一億人民幣驚人。

不過旺中集團事後解釋，中國旺旺與旺旺中時媒體集團的股東結構不同，且企業只要符合中國政府的獎勵條件，都能爭取補助，並非獨厚旺旺中時。

無畏外界質疑，蔡衍明力挺一國兩制

而《旺報》與上海東亞研究所於二〇一七年十月舉辦「兩岸關係三十年回顧與展望研討會」，獲邀開幕演說的蔡衍明就明白宣示，臺灣人民對於中國領導人習近平所推動的和平統一、一國兩制方針，這種「濃濃的親情呼喚」，一定會有感覺的。

無國界記者組織在二〇一九年三月發布《中國追求的世界傳媒新秩序》報告，也點名《中國時報》、被旺旺集團收購後，徹底改變編輯路線——蔡衍明從不掩飾自己對北京政權的好感，以及改變《中國時報》路線的意願。報告也提及，蔡衍明二〇一八年曾率團到北京參觀幾家中國媒體，並與全國政協主席汪洋會面，更與習近平的關係密切。

而最為嚴厲的指控，就是來自英國《金融時報》二〇一九年七月的報導。從《中國時報》、中天電視臺離職的記者向《金融時報》透露，國臺辦會致電其主管，關切兩岸關係與中國議題，且對報導角度和是否上頭版擁有發言權。中國官員也會向駐地記者指定新聞內容及立場，並「組織」針對中國議題之報導。

其實早在二〇一五年，清大社會所李嘉艾發表的碩士論文「臺灣媒體生產政治中的中國因素與獨裁者邏輯：以C集團為例」，亦曾匿名訪談十五名自《中國時報》離職的新聞從業人員，得知該報社高層隨時會接到國臺辦的關切電話，甚至要求主管趕赴北京參加新聞會議，直接將總編輯、總主筆、社長這類的高階主管當屬下。

論文也提及，曾有記者撰寫電影《賽德克·巴萊》的報導，不慎觸及西藏、新疆議題。國臺辦主任王毅就致電該媒體集團高層。因此該報對於六四、維權、西藏、新疆等議題都會自我審查，避免觸怒中國政府或高層。

公民社會系列 03

全面滲透——中國正在遙控臺灣

作　　者：曾韋禎
社長暨總編輯：鄭超睿
編　　輯：李瑞娟
封面設計：海流設計
排　　版：旭豐數位排版有限公司

出版發行：主流出版有限公司 Lordway Publishing Co. Ltd.
出 版 部：台北市南京東路五段 123 巷 4 弄 24 號 2 樓
電　　話：(0981) 302376
傳　　真：(02) 2761-3113
電子信箱：lord.way@msa.hinet.net
郵撥帳號：50027271
網　　址：www.lordway.com.tw

經　　銷：
紅螞蟻圖書有限公司
台北市內湖區舊宗路二段 121 巷 19 號
電話：(02) 2795-3656　傳眞：(02) 2795-4100

2019 年 9 月　初版 1 刷
2019 年 10 月　初版 2 刷
書號：L1905

ISBN：978-986-96653-7-7（平裝）
Printed in Taiwan

國家圖書館出版品預行編目資料

全面滲透：中國正在遙控臺灣／曾韋禎作．
--初版．--臺北市：主流，2019.09
面；　公分．--（公民社會系列；3）

ISBN 978-986-96653-7-7（平裝）

1. 兩岸關係　2. 臺灣政治

573.09　　108014484